Wie lässt sich Wohnungslosigkeit verhindern?

Ein Plädoyer von Jutta Henke

Deutscher Verein für öffentliche und private Fürsorge e.V.

LAMBERTUS

Soziale Arbeit kontrovers (SAk) 23

Verlag des Deutschen Vereins
für öffentliche und private Fürsorge e.V.
Michaelkirchstraße 17/18, 10179 Berlin
www.deutscher-verein.de

Auslieferung über den Lambertus-Verlag:
www.lambertus.de

Druck:
Medienhaus Plump, 53619 Rheinbreitbach

Printed in Germany 2020
ISBN 978-3-7841-3267-9
ISBN E-Book 978-3-7841-3268-6

Veröffentlicht mit Förderung durch das Bundesministerium
für Familie, Senioren, Frauen und Jugend (BMFSFJ)

Die Reihe „Soziale Arbeit kontrovers“

Der Deutsche Verein für öffentliche und private Fürsorge e.V. und der Lambertus Verlag möchten mit dieser Schriftenreihe aktuelle Fragen der sozialen Arbeit aufgreifen und in knapper, handlicher Form Orientierungshilfen zur Verfügung stellen. Ausgehend von einer provokanten oder rhetorischen Fragestellung sollen vermeintliche Gewissheiten, Selbstverständlichkeiten oder Verallgemeinerungen kritisch überprüft werden. Ziel dieser Schriftenreihe soll es nicht sein, einfache Lösungen zu präsentieren, sondern die Komplexität der Themen vor dem Hintergrund der Entstehungs- und Rahmenbedingungen und der jeweiligen Einflussfaktoren darzustellen.

Die Herausgeber haben ein Format gewählt, das der Lesbarkeit und Übersichtlichkeit einen hohen Rang einräumt: Renommierte Autorinnen und Autoren legen ihre Forschungsergebnisse und Schlussfolgerungen knapp und ohne umfangreichen wissenschaftlichen Apparat dar. Dem Charakter der Reihe entspricht es, dass die unterbreiteten Ideen und Vorschläge nicht immer mit den Positionen der Herausgeber übereinstimmen. Unter www.deutscher-verein.de und www.caritas.de finden Sie jeweils die aktuellen sozialpolitischen Positionierungen des Deutschen Vereins und des Deutschen Caritasverbands (Gesellschafter des Lambertus-Verlags).

Wir hoffen, mit dieser Schriftenreihe den fachlichen Diskurs zu fördern und freuen uns auf Rückmeldungen der Leserschaft.

Michael Löher

Vorstand des Deutschen Vereins für öffentliche und private Fürsorge e.V.

Dr. Thomas Becker

Abteilungsleiter des Deutschen Caritasverbandes und Geschäftsführer des Lambertus-Verlages

Inhalt

1. Einleitung

Die Mieten steigen. Bezahlbarer Wohnraum wird knapp. Die Diskussion um staatliche Eingriffe in den Wohnungsmarkt wird so heftig geführt wie lange nicht. Damit gelangt auch das Thema Wohnungslosigkeit wieder auf die sozialpolitische Tagesordnung. Expertinnen und Experten, die für die Verhinderung und Beseitigung von Wohnungslosigkeit zuständig sind, schlagen Alarm. Denn es steigt nicht nur die Zahl der von Wohnungslosigkeit betroffenen Menschen. An den angespannten Wohnungsmärkten wird es zunehmend schwierig – manche meinen: unmöglich –, einmal wohnungslos gewordene Menschen erneut mit Wohnraum zu versorgen.

Vor dem Hintergrund neuerer sozialwissenschaftlicher Befunde soll dieser Beitrag zeigen, wo Kommunen und freie Träger ansetzen können, um Wohnungslosigkeit zu verhindern oder zu beenden. Sie müssen dazu die Risiken kennen, die zu Wohnungslosigkeit führen können, und sie sollten bereit sein, ihre Handlungsspielräume trotz knapper Ressourcen auszuschöpfen und alle verfügbaren Instrumente zu nutzen. Wo eingespielte Hilfesysteme existieren, kann es reichen, Abläufe, Strukturen und die Arbeitsteilung zwischen den Akteurinnen und Akteuren zu überprüfen und punktuell neu zu justieren. In anderen Fällen aber kann es notwendig sein, alte Gewissheiten aufzugeben und ganz neue Schwerpunkte zu setzen.

Zwischen September 2017 und Juni 2019 führte die Gesellschaft für innovative Sozialforschung und Sozialplanung e.V. (GISS) eine bundesweite Studie zu „Entstehung, Verlauf und Struktur von Wohnungslosigkeit und Strategien zu ihrer Vermeidung und Behebung“ durch, die durch das Bundesministerium für Arbeit und Soziales (BMAS) gefördert wurde (vgl. Busch-Geertsema/Henke/

Steffen 2019). Die Ergebnisse der Untersuchung fließen in den Sechsten Armuts- und Reichtumsbericht der Bundesregierung ein. Sie bilden auch das empirische Gerüst für die nachfolgenden Überlegungen.[1]

Für die Studie wurden in allen 16 Bundesländern insgesamt 551 kreisfreie und kreisangehörige Städte und Gemeinden, Landkreise, freie Träger der Wohnungsnotfallhilfen und Jobcenter schriftlich befragt, 414 Stellen – erfreuliche 75,1 % – gaben ausführlich Auskunft zu Angeboten und Strukturen, Fallzahlen und wahrgenommenen Bedarfen. Einbezogen war auch die Hauptstadt: Zehn der zwölf Berliner Bezirke und die Berliner Senatsverwaltung beteiligten sich. An zwölf ausgewählten Orten wurden im Rahmen vertiefender Fallstudien alle verantwortlichen Akteurinnen und Akteure zur lokalen Organisation ihrer Hilfen für Menschen in Wohnungsnotlagen und der örtlichen Praxis auch persönlich befragt. Und schließlich rekonstruierte die Studie anhand von 31 Interviews mit wohnungslosen und ehemals wohnungslosen Menschen individuelle Fallverläufe.

Die nachfolgenden Überlegungen betrachten einzelne Befunde dieser Untersuchung unter der Fragestellung, welche Konsequenzen sich aus ihnen für eine Praxis ergeben, die nicht heterogener sein könnte. Sie beanspruchen keine Vollständigkeit – vieles mehr ließe sich sagen über die „Baustellen" im weiten Feld der Wohnungsnotfallhilfen. Für eine systematische Darstellung wird auf eine Praxishilfe für Kommunen und freie Träger der Wohlfahrtspflege und auf eine Handreichung zu Wohnungsnotfallhilfen im SGB II verwiesen, die die GISS für das Land Nordrhein-Westfalen

1 Alle Befunde, auf die Bezug genommen wird, stammen aus dem umfangreichen Forschungsbericht und können dort aufgefunden werden. Auf einzelne Seitennachweise wurde aber der Lesbarkeit wegen verzichtet.

erarbeitet hat (vgl. Ministerium für Arbeit, Gesundheit und Soziales des Landes Nordrhein-Westfalen 2019; 2019a).

Dieser Beitrag argumentiert für eine bestimmte Sicht auf das Problem: Wohnungslosigkeit kann durch konsequenten Einsatz sozialpolitischer Mittel vermieden oder überwunden werden. Die örtlichen Hilfesysteme sollten sich daher nicht damit zufriedengeben, durch Maßnahmen der Akutversorgung das Leben in Wohnungslosigkeit zu erleichtern, sondern alles daransetzen, diese extreme Notlage gar nicht entstehen zu lassen. Auch wenn dies nicht in jedem Einzelfall und jeder Problemkonstellation gelingen kann (siehe hierzu 12.), sollten sich die Hilfen an dieser Leitidee ausrichten.

2. Das Problem richtig definieren – Hilfen in Wohnungsnotfällen

Was ein „Wohnungsnotfall" ist, wurde 1987 vom Deutschen Städtetag erstmals definiert (vgl. Deutscher Städtetag 1987). 2005 aktualisierte der Forschungsverbund „Wohnungslosigkeit und Hilfen in Wohnungsnotfällen" diese Definition (vgl. GISS/GSF/IWU 2005), die dem wissenschaftlichen und fachöffentlichen Diskurs seither eine geklärte begriffliche Grundlage bietet und mit ihrem Problemverständnis zugleich Impulse für die Weiterentwicklung der Hilfesysteme setzte.

Der Begriff des „Wohnungsnotfalls" machte deutlich, dass von einer wohnbezogenen Notlage nicht erst die Rede sein kann, wenn Wohnungslosigkeit bereits eingetreten ist. Schon wenn Menschen in unzumutbaren Wohnverhältnissen leben oder wenn ihnen ein Wohnungsverlust unmittelbar droht, liegt ein Wohnungsnotfall vor. Mit dem neuerlichen Bezug einer Wohnung kann die Notlage enden, doch sie bleibt bestehen, wenn weiterhin Hilfe benötigt wird, um die Wohnung langfristig zu halten. Die Wohnungsnotfalldefinition erweiterte den fachlichen Blick und schuf ein Bewusstsein für die zentralen Aufgaben der Prävention von Wohnungsverlusten und der nachhaltigen Wohnungssicherung.

Verwendete der Deutsche Städtetag 1987 die Begriffe Wohnungslosigkeit und Obdachlosigkeit noch synonym, so wird seit 2005 nur noch von Wohnungslosigkeit gesprochen. Diese sprachliche Feinheit vermittelt auch eine normative Botschaft. Denn Obdachlosigkeit ließe sich zur Not auch mit einem provisorischen Dach über dem Kopf bekämpfen, doch um Wohnungslosigkeit zu beenden, ist eine Wohnung erforderlich. Eine systematische Unterscheidung zwischen den ansonsten wenig trennscharfen Begriffen der Wohnungslosigkeit und der Obdachlosigkeit, die in der Alltagspraxis manchmal plausibler erscheint, als sie es tatsächlich ist, wurde wohlweislich vermieden. Die Definition beschränkt sich auf ein einziges wesentliches Merkmal: Fehlt eine eigene – mietvertraglich abgesicherte – Wohnung, dann besteht Wohnungslosigkeit.

Nach der Art und dem Grad der institutionellen Unterstützung, die wohnungslose Menschen erhalten oder nicht erhalten, werden dann zwei Untergruppen unterschieden. Als „aktuell von Wohnungslosigkeit betroffen" gelten erstens Menschen ohne institutionelle Notversorgung, die „ohne jegliche Unterkunft" sind, „in Behelfsunterkünften wie Baracken, Wohnwagen, Gartenlauben etc." leben, „vorübergehend bei Freunden, Bekannten und Verwandten untergekommen" sind oder „vorübergehend auf eigene Kosten" gewerbsmäßige Behelfsunterkünfte (z.B. Hotels oder Pensionen) nutzen. Zweitens werden institutionell untergebrachte Menschen genannt, die „per Verfügung, (Wieder-)Einweisung oder sonstiger Maßnahmen der Obdachlosenaufsicht" oder „mit Kostenübernahme nach SGB II oder SGB XII vorübergehend in Behelfs- bzw. Notunterkünften oder sozialen Einrichtungen untergebracht" sind (ebd., 8 f.).

Aus der Perspektive der Hilfesysteme muss diese Differenzierung der Lebenslagen aber nicht notwendig zu unterschiedlichen Maßnahmen führen: Solange Wohnungslosigkeit andauert, ist bei Bedarf eine adäquate Unterbringung sicherzustellen, und erst mit dem Bezug einer Wohnung wird Wohnungslosigkeit überwunden.

3. Die Instrumente sind vorhanden

Wohnungslosigkeit zu vermeiden und zu beenden, gehört zu den Aufgaben der Daseinsvorsorge, und die Verantwortung liegt grundsätzlich in den Händen der Kommunen. Sie verfügen zu diesem Zweck über ein Instrumentarium aus gesetzlichen Vorschriften (die wichtigsten zeigt Abbildung 1), fachlich erprobten Konzepten und sozialen Leistungen. Die Jobcenter spielen eine wesentliche Rolle, wenn es um die Prävention von Wohnungsverlusten aufgrund von Mietschulden geht (siehe 9.). Freie Träger der Wohlfahrtspflege sind bedeutende Kooperationspartnerinnen und -partner bei der Erbringung persönlicher Hilfen (siehe 10.).

Sozialstaatliche Interventionen und die professionellen Hilfen dieser Akteurinnen und Akteure können nach dem zeitlichen Verlauf eines Wohnungsnotfalls – vor, während und nach der Wohnungslosigkeit – drei Handlungsfeldern zugeordnet werden. Ein viertes Handlungsfeld umfasst persönliche Hilfen, die den Wohnungserhalt präventiv oder nachgehend unterstützen.

Prävention		**Hilfen für aktuell Wohnungslose**	
§ 22 (8) SGB II	Übernahme von Miet- und Energieschulden bei Personen im Leistungsbezug nach dem SGB II	**Ordnungsbehörden- und Polizeigesetze der Länder**	Ordnungsbehördliche Unterbringung obdachloser Menschen zur Gefahrenabwehr
§ 36 (1) SGB XII	Übernahme von Miet- und Energieschulden für von Wohnungsverlust bedrohte Haushalte (außer Leistungsberechtigte nach dem SGB II)		Ordnungsbehördliche Unterbringung als „Wiedereinweisung“ in die alte Wohnung
§§ 67 ff. SGB XII	Beratung und ambulante Unterstützung für Menschen in besonderen sozialen Schwierigkeiten, Übernahme von Mieten bei Inhaftierung	**§§ 67 ff. SGB XII**	Stationäre Hilfe für Menschen in besonderen sozialen Schwierigkeiten
§ 22 (9) SGB II **§ 36 (2) SGB XII**	Mitteilungspflicht der Amtsgerichte bei Eingang einer Räumungsklage		

Dauerhafte Wohnungsversorgung		**Wohnbegleitende Hilfen**	
§ 22 (1) SGB II **§ 35 (1) SGB XII**	Übernahme der anerkannten Kosten für Unterkunft und Heizung für Leistungsberechtigte nach SGB II bzw. SGB XII	**§§ 67 ff. SGB XII**	Z.B. Betreutes Wohnen für Menschen in besonderen sozialen Schwierigkeiten
§ 22 (6) SGB II **§ 35 (2) SGB XII**	(Darlehnsweise) Übernahme von Wohnungsbeschaffungskosten für Leistungsberechtigte nach dem SGB II bzw. SGB XII	**§ 22 (7) SGB II** **§ 35 (1) SGB XII**	Direktzahlung von Miete/Energie an Vermieter/innen und Energieversorger für Leistungsberechtigte nach dem SGB II bzw. SGB XII
§ 22 (7) SGB II	Direktzahlung von Miete/Energie an Vermieter/innen und Energieversorger		
WoGG	Wohngeld nach dem Wohngeldgesetz für bedürftige Haushalte ohne Anspruch auf Mindestsicherungsleistungen		

Abb. 1: Gesetzliche Vorschriften für die Wohnungsnotfallhilfen

Quelle: Ministerium für Arbeit, Gesundheit und Soziales des Landes Nordrhein-Westfalen 2019a, 13, redaktionell leicht verändert

Maßnahmen der *Prävention* („vor Wohnungslosigkeit") zielen auf den Wohnungserhalt und die Wohnungssicherung. Ihre Zielgruppe sind Menschen, die von einem Wohnungsverlust bedroht sind. Zentrales Instrument der Prävention von Wohnungsverlusten ist eine gesetzliche Regelung zur Mietschuldenübernahme, die sowohl im Zwölften Buch Sozialgesetzbuch (SGB XII) als auch im Zweiten Buch (SGB II) verankert ist. Unmissverständlich drückt der Gesetzgeber in beiden Büchern seinen Willen aus, gefährdete Haushalte vor dem Wohnungsverlust zu schützen: Sofern „Wohnungslosigkeit einzutreten droht", „sollen" Schulden übernommen werden.

Nach dem SGB XII können dazu Beihilfen oder Darlehen gewährt werden. Nach dem SGB II sind – restriktiver – Darlehen als Regelfall der Hilfe vorgesehen, während Beihilfen nur in atypischen Fällen möglich sind. Damit Kommunen und Jobcenter ihren Präventionsauftrag erfüllen können, haben die Amtsgerichte die beiden Stellen zu informieren, wenn eine Räumungsklage aufgrund von Mietschulden eingeht. Auf der Rechtsgrundlage von §§ 67 ff. SGB XII, der Hilfe zur Überwindung besonderer sozialer Schwierigkeiten, können Mietzahlungen für kurzfristig inhaftierte Menschen übernommen werden, und es sind Maßnahmen der persönlichen Hilfe möglich, um ihre Teilnahme am Leben in der Gemeinschaft zu ermöglichen und Ausgrenzung zu verhindern.

Prävention greift nicht, wenn Menschen beim ersten Kontakt mit dem Hilfesystem schon wohnungslos sind, etwa weil sie mit dem Antritt einer längeren Therapie oder Haft ihre Wohnung verloren haben und nach deren Abschluss in Wohnungslosigkeit entlassen werden, oder weil sie als nach Deutschland Geflüchtete hier noch nie eine Wohnung hatten.

Dem Handlungsfeld der *Hilfen für aktuell Wohnungslose* („während Wohnungslosigkeit") werden alle Aufgaben und Leistungen zugeordnet, die sich an Menschen ohne Wohnung richten. Hierzu gehört vor allem die ordnungsrechtliche Unterbringung wohnungsloser Menschen. Da die Kommunen zur Abwehr von Gefahren für die öffentliche Sicherheit verpflichtet sind, halten sie Notunterkünfte vor, in die Wohnungslose per Ordnungsverfügung eingewiesen werden. In manchen Städten werden auch gewerbliche Unterkünfte zur Unterbringung genutzt. Hinzu kommen sozialarbeiterische und karitative Hilfen für Menschen ohne Wohnung – angefangen bei Wärmestuben über Beratung und Streetwork bis zu stationären Maßnahmen in Einrichtungen der Hilfe zur Überwindung besonderer sozialer Schwierigkeiten nach §§ 67 ff. SGB XII.

Das Handlungsfeld der *Dauerhaften Wohnungsversorgung* („nach Wohnungslosigkeit") umfasst alle Aufgaben, die mit der Re-Integration wohnungsloser Menschen in mietrechtlich abgesicherten Wohnraum verbunden sind. Dazu zählen insbesondere die Bereitstellung und Akquise von Wohnungen und die Absicherung von Mietzahlungen, etwa durch eine Direktzahlung der Miete. Dienen besondere kommunale Aktivitäten am Wohnungsmarkt (wie etwa die Nutzung von Benennungs- und Besetzungsrechten im geförderten Wohnungsbestand) dem Ziel, vorzugsweise wohnungslose Menschen zu versorgen, werden auch sie diesem Handlungsfeld zugerechnet.

Ein viertes Handlungsfeld – *Wohnbegleitende Hilfen* – flankiert die Angebote in den Handlungsfeldern der Prävention und der dauerhaften Wohnungsversorgung. Wohnbegleitende Hilfen setzen voraus, dass noch bzw. schon wieder ein Normalwohnverhältnis besteht. Ziel der überwiegend persönlichen Unterstützung ist es, Mietverhältnisse abzusichern, entweder in präventiver Absicht oder um das Eintreten einer erneuten Wohnungsnotlage nachgehend zu verhindern. Hilfen in diesem Handlungsfeld werden als sozialarbeiterische Leistungen ebenfalls oft auf der Grundlage von §§ 67 ff. SGB XII erbracht, aber auch angrenzende Hilfesysteme leisten wohnbezogene Unterstützung für besondere Zielgruppen.

Nimmt man noch das ganze Feld der Steuerungs- und Fördermöglichkeiten im (sozialen) Wohnungsbau hinzu, so ergibt sich ein wirkungsvoller und gut bestückter Instrumentenkasten. Warum aber verlieren dann trotzdem Menschen ihre Wohnung, und warum bleiben viele so lange wohnungslos?

4. Wohnungslos wird nur, wer keine Alternative hat

Ein paar Plastiktüten, ein schmuddeliger Schlafsack auf dem Bürgersteig, ein kauernder Mensch. Die äußeren Zeichen sind leicht zu deuten: Hier hat jemand keine Wohnung. Wie es dazu kommen kann, ist für die meisten „Normalbürgerinnen und -bürger" ein großes Rätsel. Welche Ursachen hat Wohnungslosigkeit? Muss nicht etwas Besonderes dahinterstecken, wenn ein Sturz aus gesicherten Verhältnissen auf der Straße endet?

Das Modell der Teilhabe- und Verwirklichungschancen nach Amartya Sen (vgl. Sen 2002; 2010) eignet sich gut, um das komplexe Geschehen eines Wohnungsverlustes und die extreme Notlage der Wohnungslosigkeit zu verstehen. Dieses Modell bemisst Lebenslagen nach dem Handlungsspielraum, den Menschen haben, um selbstbestimmt am Leben in einem gesellschaftlich üblichen Rahmen teilzuhaben. Die eigene Wohnung ist dafür der notwendige Ort und zugleich die Voraussetzung, um an anderen Lebensbereichen teilhaben zu können. Materielle Ressourcen, aber auch Rechte schaffen Möglichkeiten der Teilhabe oder begrenzen sie.

Ob und wie ihre Umwandlung in Teilhabe gelingt, hängt sowohl von gesellschaftlichen als auch von individuellen Faktoren ab. Je günstiger die Bedingungen, desto mehr „Verwirklichungschancen" („capabilities") eröffnen sich dem Menschen, der zwischen Möglichkeiten wählt und größere oder geringere Entscheidungsspielräume nutzt, um ein bestimmtes Maß an Teilhabe zu erreichen. (Ausführlicher in Bartelheimer/Henke 2018, 16 ff.) Auch wenn Ressourcenarmut die Teilhabe am Wohnen begrenzt, drücken Unterschiede in der Wohnsituation bei gleicher Ressourcenausstattung doch zugleich Individualität und Diversität der „Umwandlung" aus. Ohne eigene Wohnung zu sein, ist dagegen nie ein Ergebnis, das jemand – wie Sen es ausdrücken würde – „mit guten Gründen wertschätzen" kann, sondern gleichbedeutend mit vollständigem Ausschluss von Teilhabe.

Wohnungslosigkeit tritt also nur dann ein, wenn ein gravierender Mangel an Ressourcen und besonders ungünstige Umwandlungsfaktoren kumulieren und die Auswahlmenge der Teilhabe- und Verwirklichungschancen auf null schrumpfen lassen – und dies nicht nur beim Wohnen. Entweder gibt es überhaupt keine Netzwerke und Ressourcen, oder es gelingt den Betroffenen nicht mehr, sie zu mobilisieren. Ihre Lage ist von niederschmetternder Alternativlosigkeit gekennzeichnet. In der Sprache der Sozialhilfe: Die Selbsthilfekräfte sind restlos erschöpft. In den Erzählungen von Betroffenen wird der Moment, in dem sie sich ihrer Überforderung und einer ausweglosen Lebenssituation bewusst wurden, oft bildhafter beschrieben: Rückblickend erinnern sie sich an „ein abgehaktes Leben" und „ein tiefes Loch", sie berichten, „die Schlinge" habe sich zugezogen, „dann hat es geknackt, dann bin ich versackt".

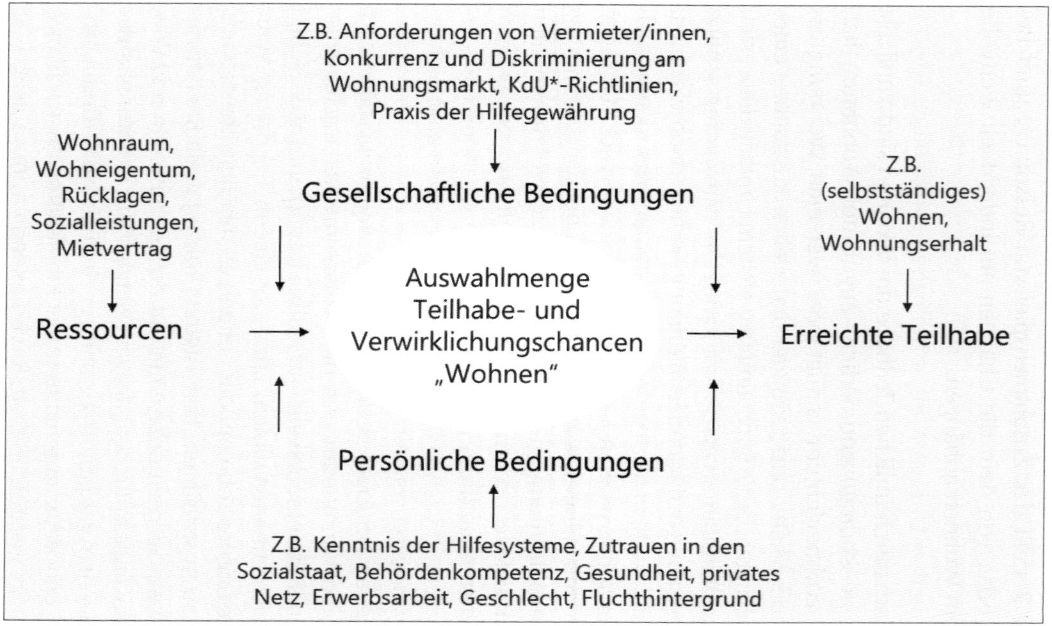

* KdU = Kosten der Unterkunft im SGB II und SGB XII

Abb. 2: Teilhabe am „Wohnen"

Quelle: Eigene Darstellung nach Bartelheimer/Henke 2018, 23

Abbildung 2 stellt das Zusammenspiel von Ressourcen und Bedingungen dar, von dem die Chancen auf individuell wertvolle Teilhabe am Wohnen abhängen.

Zur gesellschaftlich üblichen Teilhabe am Wohnen sind zunächst bestimmte *Ressourcen* erforderlich. Zugriff auf Wohnraum hat, wer über Wohneigentum verfügt oder wer eine Wohnung als Mieterin oder Mieter nutzt. Von der materiellen Ausstattung eines Haushalts hängt ab, wie leicht und in welchem Umfang dieser sich Zugang zu Wohnraum verschaffen kann. Der Mietvertrag schützt vor dem existenzgefährdenden Wohnungsverlust, doch wer nicht mehr über die Mittel verfügt, Miete zu zahlen, dem kann auch (fristlos) gekündigt werden: Das Recht zur Nutzung der Mietsache wird dann entzogen. Sozialstaatliche Transferleistungen wie das Arbeitslosengeld II ermöglichen den Zugang zu Wohnraum auch bei Mittellosigkeit, begrenzen diesen aber auf ein notwendiges Minimum. Wohngeld erhöht die Ressourcenausstattung eines armen Haushalts und kann Härten am Wohnungsmarkt ausgleichen.

Zu den *gesellschaftlichen Bedingungen* („Umwandlungsfaktoren“) gehört der Wohnungsmarkt, an dem Vermieterinnen und Vermieter darüber entscheiden, welche Miete sie fordern und an welchen Haushalt sie vermieten wollen. Zu unterschiedlichen Wohnchancen kann es führen, ob ein kommunales Wohnungsunternehmen mit sozialem Anspruch existiert, ob in früheren Jahren Sozialwohnungen erbaut wurden oder nicht, und ob es ausreichend Wohnungen für Großfamilien, Paare und Singles gibt. Im Kontext der Wohnungssicherung gehört zu den gesellschaftlichen Bedingungen auch, ob die Amtsgerichte ihren Meldepflichten nachkommen, ob eine Zentrale Fachstelle vorhanden ist, ob aufsuchend gearbeitet wird oder ob eine Behörde Darlehen zur Wohnungssicherung offensiv oder restriktiv gewährt.

Persönliche Bedingungen wie die Kenntnisse über bestimmte Ansprüche können über die Inanspruchnahme von Sozialleistungen entscheiden. Wer nicht weiß, dass Leistungsansprüche vorhanden sind, kann diese Ressource nicht nutzen. Persönliche Netzwerke haben Einfluss darauf, ob beispielsweise Nachbarschaftshilfen verfügbar sind. Gesunde, gut gebildete und leistungsfähige Menschen haben mehr Möglichkeiten am Arbeitsmarkt als Menschen mit chronischen Krankheiten oder einer Behinderung, und sie erzielen leichter ein existenzsicherndes Einkommen. Die „Umwandlung“ von Ressourcen in Teilhabechancen beim Wohnen kann misslingen, wenn ein Haushalt die für das Wohnen bestimmten Mittel dazu einsetzt, Schulden zu tilgen oder Lebensmittel zu kaufen, um in einem anderen Lebensbereich (mehr) Teilhabe zu realisieren.

Das Modell der Teilhabe- und Verwirklichungschancen ist zugleich geeignet, die individuellen Konstellationen zu beschreiben, in denen Wohnchancen aufgezehrt sind, und die Punkte zu benennen, an denen Intervention ansetzen kann, um die Versorgung mit Wohnraum zu ermöglichen.

Gleich schlechte Ressourcen werden von demjenigen besser umgewandelt, der über eine bessere Gesundheit oder ein stärkeres privates Unterstützungsnetzwerk verfügt. Das ist einer der Gründe, warum alleinstehende Menschen ohne familiären Rückhalt viel gefährdeter sein können, Wohnungsverluste zu erleben. Mehr Verwirklichungschancen hat der Mietschuldner, der weiß, dass es eine Fachstelle gibt, die im Notfall hilft. Fehlt diese Kenntnis dagegen, nützt auch das Vorhandensein der Präventionsstelle nichts. Ein ausbleibender oder unregelmäßig gezahlter Lohn kann bei dem einen mit Hilfe von Angehörigen kompensiert werden, ein anderer wird die Miete schuldig bleiben. Wer über ein höheres Einkommen oder Rücklagen verfügt, dem bleiben mehr Teilhabechancen als einer ärmeren Person, auch wenn ein Wohnungsverlust droht: Denn es steht ein größeres Angebot an Alternativwohnraum zur Verfügung. Und selbst, wenn an einem schlechten Wohnungsmarkt die Suche länger dauert oder wenn die Mietbelastung steigt, muss dies nicht in eine Wohnungsnotlage führen.

Weil ungünstige Rahmenbedingungen durch die bessere Ressourcenausstattung ausgeglichen werden können, ist die Sorge, dass durch die Entwicklung am Wohnungsmarkt zunehmend auch die „gesellschaftliche Mitte" in Wohnungsnotlagen gerät, in den meisten Fällen unbegründet. Selbst in einer Wohnkrise bleiben diesen Haushalten in der Regel genug Chancen, um einen Verlust der Wohnung zu vermeiden.

Die GISS-Untersuchung hat etwas genauer ausgeleuchtet, wie Ressourcenmangel und ungünstige Umwandlungsbedingungen in den Fällen von (drohender) Wohnungslosigkeit zusammentreffen.

Ausgelöst wurde Wohnungslosigkeit in der weit überwiegenden Mehrheit der Fälle, die bei kommunalen Stellen im Jahr 2017 registriert waren, durch materiellen Mangel. Bei 85 % aller Haushalte, die in diesem Jahr ihre Wohnung verloren, waren Mietschulden der Grund für Kündigung und Räumung. 64 % der von Wohnungslosigkeit bedrohten Haushalte konnten Mietzahlungen nicht leisten, obwohl sie zu diesem Zeitpunkt Leistungen nach dem SGB II bezogen.

Ein deutlich erhöhtes Risiko für die Entstehung einer Wohnungsnotlage besteht offenbar, wenn niedrige Mischeinkommen aus verschiedenen und/oder wechselnden Einnahmequellen zu „managen" sind – z.B. ein geringfügiges Arbeitseinkommen oder Unterhaltsleistungen und Sozialleistungstransfers. Solche Fallkonstellationen sind typische Beispiele dafür, dass ein Einkommen zwar eigentlich „reicht", aber die Umwandlung der Ressource in gelingende Teilhabe dennoch scheitern kann. Expertinnen und Experten nannten insbesondere junge Erwachsene beim Übergang zwischen Schule, Ausbildung und Erwerbsarbeit oder alleinerziehende Frauen als Risikogruppen. (Unter den von Wohnungslosigkeit bedrohten Haushalten machten alleinerziehende Frauen fast 15 % aus.)

Besonders hohe Umwandlungsrisiken tragen offenbar Alleinstehende. Während nach Berechnungen des Statistischen Bundesamts 2018 in ca. 42 % der Haushalte in Deutschland nur eine Person lebte, waren es bei den Wohnungslosen zwischen 61 % (bei Geflüchteten mit Schutzstatus) und 75 % der Haushalte (in ordnungsrechtlicher Unterbringung). Zum einen besteht in den Haushalten von Alleinstehenden keine Möglichkeit, individuelle Ressourcenknappheit durch Umverteilung im Haushalt auszugleichen. Zum anderen fehlen oft unterstützende familiäre Netzwerke, z.B. bei der Bewältigung von bürokratischen Anforderungen. Viele Wohnkrisen werden durch eskalierende Konflikte im sozialen Nahbereich sogar verschärft.

Risiken kumulieren, wenn Menschen in prekären materiellen Lagen zudem unter gesundheitlichen Problemen leiden, die ihre Kompetenz zur Selbstsorge und Alltagsbewältigung einschränken. Bei einer deutlichen Mehrheit der persönlich befragten Menschen mit Wohnungslosigkeitserfahrung waren ernste physische und psychische Erkrankungen, darunter auch Sucht, für den Wohnungsverlust mitverantwortlich. Die interviewten Menschen berichteten von schweren Depressionen und Suizidalität in der Zeit der Krise. Betroffene brachen den Kontakt zur Außenwelt weitgehend ab, und sie waren schriftlich nicht ansprechbar, weil sie Post nicht öffneten.

Sind kaum Ressourcen vorhanden und Rahmenbedingungen tendenziell ungünstig, so dass die Auswahlmenge der Chancen schrumpft und Risiken steigen, kommt es besonders dringend auf proaktive sozialstaatliche Interventionen an, um Teilhabe am Wohnen zu erreichen. Diese können auf alle Elemente im Teilhabemodell zielen: Die Übernahme von Mietschulden oder die Unterstützung bei der Realisierung von Ansprüchen erhöht die Ressourcenausstattung. Interventionen können dem Wohnungsmarkt gelten und dort – wie es z.B. der Berliner Mietendeckel versucht – die Bedingungen ändern. In der Verhandlung mit Vermieterinnen und Vermietern, die ein Mietverhältnis beenden wollen, hat eine öffentliche Stelle vielleicht mehr Möglichkeiten als der säumige Haushalt, und wenn es um Neuanmietung geht, erhöhen Begleitung und Fürsprache, aber auch Bürgschaften und Garantien die Chance, eine Wohnung zu erhalten.

Das Wissen um die besonderen Risiken von Alleinlebenden und gesundheitlich Beeinträchtigten erhöht die Anforderungen an präventiv tätige Stellen, deren Teilhabeeinschränkungen durch „Frühwarnsysteme" zu identifizieren und fehlendes Wissen durch eine bessere Ansprache zu kompensieren. Aufgabe der Wohnungsnotfallhilfe ist es, Teilhabechancen zu erweitern und Selbsthilfepotenziale zu stärken – am besten, bevor Wohnungslosigkeit eintritt.

5. Wie viele Menschen in Wohnungsnotfällen gibt es?

Um eine empirisch gesicherte Einschätzung zum gegenwärtigen Ausmaß des Problems in Deutschland abgeben zu können, erhob die GISS-Studie Daten zu bedrohten Wohnverhältnissen und zur Zahl der wohnungslosen Menschen in 42 kreisfreien Städten und ausgewählten Gemeinden in 33 Kreisen. In den einbezogenen Städten und Gemeinden lebten im Jahr 2017 insgesamt knapp

17,5 Millionen Menschen in etwa 7,9 Millionen Haushalten, das entspricht etwa 21 % der Gesamtbevölkerung und etwa 19 % aller Haushalte in Deutschland.

Weil aus vielen Untersuchungen bekannt ist, dass der Anteil der wohnungslosen Menschen an der Bevölkerung mit der Größe der Städte zunimmt (vgl. z.B. Evers/Ruhstrat 2015, 11), wurden die Kommunen in vier Größenklassen aufgeteilt: in Landgemeinden und Kleinstädte bis 20.000 Einwohnerinnen und Einwohner, Mittelstädte bis 100.000, kleine Großstädte bis 500.000 und in große Großstädte ab 500.000 Einwohnerinnen und Einwohner. Für Städte und Gemeinden gleicher Größe wurden durchschnittliche „Dichtewerte" berechnet: erstens die Zahl der von Wohnungsverlust bedrohten Haushalte je 1.000 Haushalte einer Stadt oder Gemeinde und zweitens die Zahl der Wohnungslosen je 1.000 Einwohnerinnen und Einwohner.

Demnach wussten die kommunalen Präventionsstellen 2017 von mindestens jedem 173. Haushalt einer Stadt oder Gemeinde, dass ein Wohnungsverlust drohte. Die durchschnittliche Dichte der gefährdeten Haushalte lag bei 5,7 pro 1.000. Doch die Zahlen zur Prävention sind mit großer Vorsicht zu genießen. Denn viele Kommunen erfassen Fälle überhaupt nicht oder nur dann, wenn auch materielle Leistungen gewährt werden. Wann ein Wohnungsverlust „droht", wird unterschiedlich definiert. Während manche Kommunen davon ausgehen, eine unmittelbare Gefährdung liege spätestens zu dem Zeitpunkt vor, zu dem die Miete nicht mehr gezahlt werden kann, gelten in manchen Städten als von Wohnungslosigkeit bedroht erst Haushalte, deren Vermieterin oder Vermieter bereits eine Zwangsräumung anstrengt.

Am schwersten wiegt aber, dass die Jobcenter, die für einen großen Teil der Haushalte mit Mietschulden zuständig sind, Präventionsfälle nicht erfassen. Fallzahlen rechtskreisübergreifend zusammenzuführen, ist daher nicht möglich, und in den oben genannten Daten fehlt vermutlich ein größerer Teil der tatsächlich gefährdeten Haushalte.

Valide Zahlen ließen sich dagegen zu den von Wohnungslosigkeit betroffenen Personen ermitteln. Daten aus 97 deutschen Kommunen, darunter 42 kreisfreie Städte (einschl. Berlin) und 55 kreisangehörige Städte und Gemeinden (41 in West- und 14 in Ostdeutschland), wurden dazu zusammengeführt.

Nach dem Vorbild der nordrhein-westfälischen Wohnungslosenstatistik bezog die Studie alle Wohnungslosen ein, die bei Kommunen oder freien Trägern der Wohlfahrtspflege am 31. Mai 2018 institutionell untergebracht waren. Doppelzählungen wurden ausgeschlossen. Geflüchtete im laufenden Asylverfahren (mit Leistungen nach dem Asylbewerberleistungsgesetz) waren nicht einbezogen.

Gezählt wurden aber Geflüchtete mit internationalem Schutzstatus in öffentlicher Unterbringung, die nach Abschluss ihres Asylverfahrens einen Aufenthaltstitel erlangt hatten, der auf einer Asylberechtigung nach Artikel 16a Grundgesetz, Flüchtlingsschutz nach § 3 Asylgesetz (AsylG), auf subsidiärem Schutz nach § 4 AsylG oder auf der Feststellung eines Abschiebungsverbots nach § 60 Aufenthaltsgesetz beruhte und der sie zu einem Aufenthalt von mindestens einem Jahr und dem Bezug von ALG II berechtigte.

Schließlich wurden aus der Gruppe der Wohnungslosen ohne institutionelle Unterbringung zudem diejenigen berücksichtigt, die bei Kommunen und den Trägern der freien Wohlfahrtspflege bekannt waren und beraten wurden. Es blieb bei dieser Erfassung eine Dunkelziffer: Wohnungslose Menschen ganz ohne institutionelle Anbindung konnten nicht berücksichtigt werden.

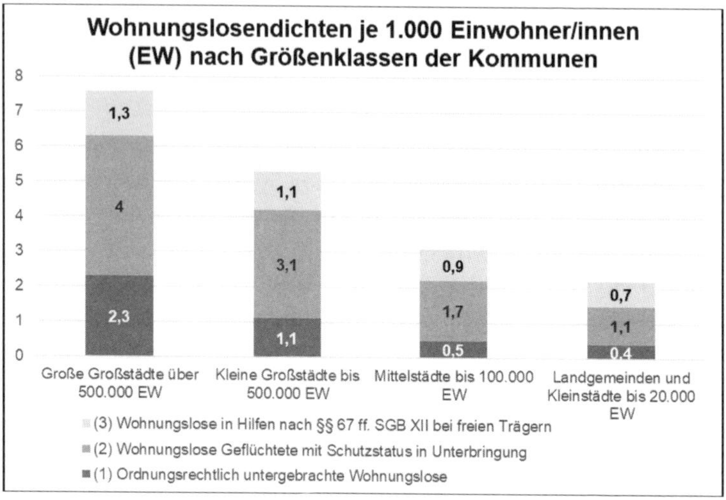

Abb. 3: Wohnungslosendichten je 1.000 Einwohnerinnen und Einwohner (EW) nach Größenklassen der Kommunen

Quelle: Eigene Darstellung nach Busch-Geertsema/Henke/Steffen 2019, 109

Wie erwartet, unterschieden sich die errechneten Dichtewerte, die für die Gruppen der Geflüchteten, der ordnungsrechtlich Untergebrachten und für die bei freien Trägern versorgten Personen getrennt ermittelt wurden, nach der Größe der Kommunen. In den großen Großstädten kamen 7,6 Wohnungslose auf 1.000 Einwohnerinnen und Einwohner, in den kleinen Großstädten waren es 5,3, in den Mittelstädten 3,1 und in den Landgemeinden und Kleinstädten immerhin noch 2,2. Wegen der guten Datenlage war auch eine Schätzung für die Bundesrepublik möglich: Insgesamt geht die GISS danach von ca. 337.000 Menschen aus, die am 31.

Mai 2018 keine Wohnung hatten. Etwas mehr als die Hälfte von ihnen waren Geflüchtete mit internationalem Schutzstatus.

6. Hilfen in Wohnungsnotfällen setzen oft die falschen Schwerpunkte

Moderne Wohnungsnotfallhilfen führen zwei historische Stränge der Armenfürsorge zusammen: das System der kommunalen Fürsorge für die „Ortsarmen" und die Wandererfürsorge des 19. Jahrhunderts, die in den Händen von Kirchen und Wohlfahrtsverbänden lag. Als in den 1870er- und 1880er-Jahren „Arbeitslosigkeit, Wohnungsknappheit und Obdachlosigkeit" (Sondermann-Becker 1995, 16) dazu führten, dass etwa 400.000 Menschen auf der Straße lebten und wandernd Arbeit suchten, sollten Herbergen zur Heimat und Wanderarbeitsstätten (vgl. z.B. Holtmannspötter 1989) der sittlichen Gefährdung der neuen Armutsbevölkerung vorbeugen.

Während kirchliche Träger das Wandern und die stets nur vorübergehende Unterbringung der sogenannten „Nichtsesshaften" organisierten, übernahmen städtische Stellen die Versorgung der ortsansässigen Obdachlosen in Armenhäusern und Fürsorgeeinrichtungen. Die beiden Systeme hatten über viele Jahrzehnte nur wenige Berührungspunkte und entwickelten sich weitgehend unabhängig nebeneinander her. Sie hatten aus heutiger Sicht aber einen gemeinsamen Schwerpunkt, denn sie konzentrierten sich ausschließlich auf Menschen, die ihre Wohnung bereits verloren hatten.

Erst das Konzept der „Zentralen Fachstelle" (vgl. 7.) führte zu einem Paradigmenwechsel. Es machte den Versuch, die Arbeit der Kommunen an der „Handlungsmaxime" (Eichner/Paul 2003, 178) der Prävention auszurichten, die in einer neuen „Zielhierarchie" (ebd.) oberste Priorität haben sollte. In der Folge begannen viele Städte und Gemeinden damit, Prävention auszubauen und Notunterkünfte aufzulösen. Mit der zunehmenden Spannung am Wohnungsmarkt, dem Druck der fluchtbedingten Zuwanderung und der immer sichtbarer werdenden Armut im öffentlichen Raum schlägt das Pendel jedoch wieder in die andere Richtung aus. In vielen Systemen haben die Hilfen für aktuell Wohnungslose längst wieder hohe, wenn nicht alleinige Priorität.

Da es eine Unterbringungsverpflichtung gibt, werden Plätze in Notunterkünften vorgehalten, steigen die Fallzahlen, müssen auch die Platzzahlen nach oben angepasst werden. Zumindest für die (kalten) Nächte werden Übernachtungseinrichtungen benötigt und geschaffen, ihnen folgen Tagesaufenthalte, Streetwork, Wärmestuben, Kältebusse, Suppenküchen, Sicherheitsdienste, trockene und nasse Treffs. Mitleid und Erbarmen treiben kuriose Blüten; schließlich entwickelt ein junger Designer upgecycelte „Sheltersuits" aus nicht verkauften Textilien, und ein britischer Millionär erfindet Doppel-Mülltonnen, die sich ganz praktisch mitführen und zu Schlafboxen umfunktionieren lassen.[2]

So eindeutig jedoch Wohnungslosigkeit die Menschenwürde verletzt und so unverzichtbar Akuthilfen für wohnungslose Menschen daher sind – gerade die letzten Beispiele zeigen ihre Schwäche: Sie lösen das eigentliche Problem nicht.

2 https://www.stern.de/panorama/gesellschaft/sheltersuit--dieser-mantel-soll-obdachlosen-das-leben-leichter-machen-9147668.html (27. März 2020). https://www.mirror.co.uk/news/uk-news/multimillionaire-invents-bin-pods-rough-21397084 (27. März 2020).

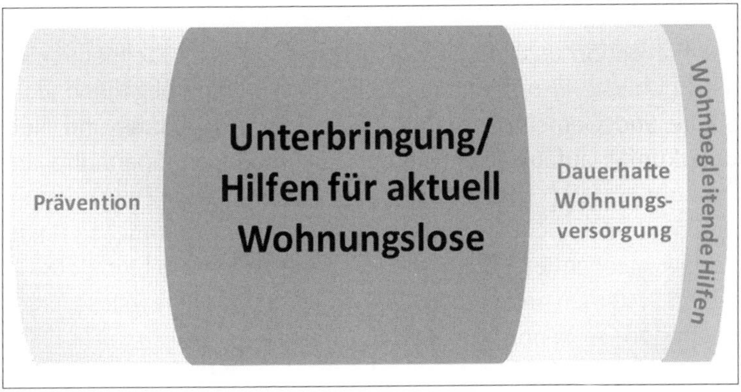

Abb. 4: Hilfesystem mit dem Schwerpunkt Wohnungslosenhilfe
Quelle: Eigene Darstellung

Prävention und Hilfen zur dauerhaften Wohnungsversorgung, die eigentlichen Problemlöser, sind in vielen Systemen dagegen nach wie vor schwach ausgeprägt, und wohnbegleitende Hilfen wie z.B. Betreutes Wohnen werden allenfalls in besonders schwierigen Fällen und im Anschluss an eine unter Umständen längere Karriere der Betroffenen durch das Hilfesystem geleistet.

Idealerweise sehen Hilfesysteme jedoch anders aus (siehe Abbildung 5): Der Bereich der Hilfen für aktuell Wohnungslose ist auch hier vorhanden, doch sorgt eine stark ausgebaute und effektive Prävention dafür, dass von vornherein nur möglichst wenige wohnungslose Menschen versorgt werden müssen. Systematisch werden Hilfen zur dauerhaften Wohnungsversorgung geleistet, um den Verbleib wohnungsloser Menschen im Unterbringungssystem auf den kürzestmöglichen Zeitraum zu begrenzen. Und wohnbegleitende Hilfen werden sowohl nachgehend als auch präventiv eingesetzt.

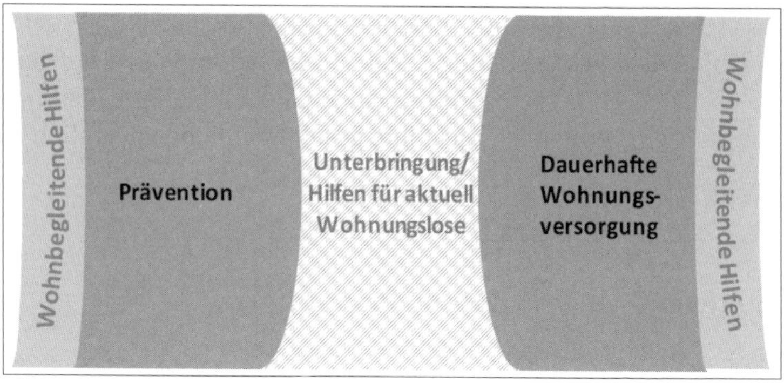

Abb. 5: Hilfesystem mit dem Schwerpunkt Prävention/Dauerhafte Wohnungsversorgung

Quelle: Eigene Darstellung

Für eine so gewichtete Organisation der Angebote sprechen wirtschaftliche und soziale Gründe. Gelingt es, Wohnungsverluste zu vermeiden, sinkt die Zahl der Haushalte, die ordnungsrechtlich untergebracht und erneut mit Wohnraum versorgt werden müssen. Die langfristige Unterbringung in einem dafür nicht ausgerichteten System der Notversorgung ist teuer, und jemand, der eine Wohnung verliert, in der er oder sie länger gelebt hat, wird sich an einem angespannten Wohnungsmarkt nur unter Schwierigkeiten zum gleichen Mietzins erneut mit Wohnraum versorgen können.

Es besteht die Gefahr, dass eine durch Räumung freiwerdende Wohnung dem Segment des angemessenen Wohnraums insgesamt entzogen und künftig teurer vermietet wird. Bei Haushalten im Bezug von Transferleistungen ist die erneute Wohnraumversorgung gegenwärtig fast immer mit höheren Kosten der Unterkunft verbunden, die häufig zu Lasten der Sozialleistungssysteme gehen.

Ins Gewicht fällt, dass sich materielle, gesundheitliche und soziale Probleme in der Wohnungslosigkeit zweifellos eher verfestigen, als dass sie sich bessern. Und so lange Geflüchtete im Unterbringungssystem verbleiben, rückt ihre gesellschaftliche Integration in weite Ferne.

7. Prävention, Prävention, Prävention

Grob geschätzt verfügte etwa die Hälfte der Menschen, die gegenwärtig von Kommunen und von freien Trägern der Wohlfahrtspflege vorübergehend mit einer Unterkunft versorgt werden, bis vor einiger Zeit noch über eine eigene Wohnung, und mit großer Wahrscheinlichkeit hätte es in der Vergangenheit eine oder mehrere Gelegenheiten gegeben, den herannahenden Wohnungsverlust zu verhindern. In jedem dieser Fälle gibt es Gründe, warum Wohnungslosigkeit schließlich trotzdem eintrat, und dennoch: In jedem Fall liegt auch eine vergebene Chance für die Prävention. Welche Ansatzpunkte für eine Verbesserung präventiver Strukturen gibt es also?

Die Organisation der Hilfen

Als der Deutsche Städtetag 1987 sein Modell der „Zentralen Fachstelle" entwickelte (vgl. Deutscher Städtetag 1987), stand dahinter die Überzeugung, dass vor allem die Verteilung von Zuständigkeiten auf mehrere Ämter und Stellen eine erfolgreiche Prävention verhinderte. Demgegenüber sah das Fachstellenmodell, das in der Folge vor allem von Verwaltungen in größeren Städten eingeführt wurde, eine möglichst weitgehende Bündelung aller zur Bearbeitung der Wohnungsnotfallproblematik benötigten Kompetenzen an einer Stelle der Verwaltung vor. Diese Fachstelle sollte bei drohender Wohnungslosigkeit intervenieren können, behielt jedoch auch die Zuständigkeit für eine ggf. erforderlich werdende Unterbringung und die Reintegration in Normalwohnraum. Erfolge bei der Prävention wurden „belohnt“, weil sie die Reduzierung von Unterbringungskapazitäten ermöglichten. Da die Fachstelle Zugriff auf die kommunalen Wohnungsbestände haben sollte, die es damals fast überall noch gab, konnte der Verbleib wohnungsloser Haushalte im Unterbringungssystem begrenzt werden.

Obwohl sich die Verhältnisse vor allem, was den letzten Punkt angeht, geändert haben, weil sich seither viele Kommunen von ihren Wohnungsbeständen getrennt haben, stimmen die meisten Prämissen des Fachstellenkonzepts auch heute noch. Flächendeckend hat sich das Modell aber nicht durchsetzen können.

Nach den Analysen der GISS-Studie gab es im Jahr 2018 in etwa der Hälfte der kreisfreien Städte „Zentrale Fachstellen“ mit einer weitgehenden Bündelung von Aufgaben aus allen Handlungsfeldern der Wohnungsnotfallhilfen – also mit Zuständigkeit für die Instrumente der Wohnungssicherung, die (aufsuchende) Beratung, die ordnungsrechtliche Unterbringung und eine Unterstützung bei der Reintegration in Normalwohnraum. In der anderen Hälfte der Städte bestanden Fachstellen mit „eingeschränkten“ Funktionen, oder es gab keine Bündelung. In etwas mehr als der Hälfte der kreisfreien Städte und in einem Kreis waren die Aufgaben der Übernahme von Mietschulden nach dem SGB II an den kommunalen Träger übertragen worden (siehe auch 9.). Nach wie vor bestehen in vielen kreisfreien Städten also Spielräume, die Prävention durch eine fachliche Spezialisierung und gebündelte Expertise zu verbessern.

Eine besonders Herausforderung für die Zukunft wird es darstellen, besser funktionierende Modelle für Kreise und ihre kreisangehörigen Städte und Gemeinden zu entwickeln. Vor allem in kleineren Städten und Gemeinden sind präventive Strukturen nach wie vor eher schwach ausgebaut. Hier blieben Zuständigkeiten fast immer auf mehrere Ämter und Stellen verteilt, und oft werden lediglich Pflichtaufgaben wahrgenommen – die Wohnungssicherung bei Haft etwa oder die ordnungsrechtliche Unterbringung.

Wohnungsnotfallhilfen in Kreisen zentral zu bündeln, scheitert in der Regel bereits daran, dass die Zuständigkeiten auf unterschiedlichen Ebenen des föderalen Systems liegen: Kreise sind die örtlichen Träger der Sozialhilfe, während die Städte und Gemeinden die ordnungsrechtliche Unterbringung verantworten.

Ferner wird das quantitative Ausmaß des Problems der Wohnungslosigkeit in ländlichen Regionen, zu denen viele Kreise gehören, leicht unterschätzt. Weil Menschen ohne Wohnung im öffentlichen Raum der Städte viel sichtbarer sind, wird fälschlich angenommen, Wohnungslosigkeit sei allein ein (groß-)städtisches Problem. Ein solcher Effekt zeigte sich etwa 2019 in Nordrhein-Westfalen, wo die Landesregierung im Rahmen ihrer Landesinitiative „Endlich ein Zuhause“ ein Förderprogramm für die 20 am stärksten von Wohnungslosigkeit betroffenen kreisfreien Städte und Kreise auflegte, unter denen sich zur Überraschung vieler Akteurinnen und Akteure elf Kreise befanden.

Es kann also ein Irrtum sein, davon auszugehen, dass organisatorische Spezialisierungen in kreisangehörigen Städten und Gemeinden verzichtbar sind. Vor allem in den kreisangehörigen Mittelstädten, wo die Wohnungslosendichten immerhin bei 3,1 Menschen pro 1.000 Einwohnerinnen und Einwohner lagen (das entspricht knapp 250 Wohnungslosen in einer Stadt mit 80.000 Bürgerinnen und Bürgern), gibt es Anlass genug für spezialisierte fachliche Konzepte zur Vermeidung von Wohnungsverlusten.

Diese müssen von Kreisverwaltungen und den kreisangehörigen Gemeinden gemeinsam entwickelt und umgesetzt werden.

Kenntnis über drohende Wohnungsverluste erhöhen

Nach den Befunden der GISS-Studie konnte in etwa 64 % der 2017 bekannt gewordenen Fälle ein Wohnungsverlust abgewendet werden – und zwar überwiegend nicht durch die Übernahme von Schulden, sondern, indem auf dem Verhandlungsweg Lösungen mit Vermieterinnen und Vermietern gefunden wurden.

Damit Prävention eine Chance hat, muss die zuständige Stelle möglichst frühzeitig Kenntnis über einen bevorstehenden Wohnungsverlust erlangen. Dann bleibt ausreichend Zeit, alle erforderlichen Maßnahmen zur Wohnungssicherung einzuleiten, und es ist wahrscheinlicher, dass Vermieterinnen und Vermieter sich bereit erklären, ein Mietverhältnis fortzusetzen. Sind erst einmal hohe Schulden aufgelaufen oder hat sich ein Mietkonflikt zugespitzt, ist das nicht mehr so einfach. In knapp 50 % der Fälle erhielten die kreisfreien Städte der GISS-Studie zufolge die erste Information über eine Wohnungsgefährdung aber erst im laufenden oder fortgeschrittenen Räumungsverfahren. Das kann nicht zufriedenstellen.

Auch weil viele Präventionsstellen Bemühungen zur Wohnungssicherung eigentlich spätestens zum Zeitpunkt einer außerordentlichen Kündigung für geboten halten, pflegen sie gute Kooperationskontakte zur Wohnungswirtschaft, und Informationen über bedrohte Wohnverhältnisse werden auch auf diesem Weg weitergegeben. Einige der Verantwortlichen in Kommunen und bei freien Trägern nahmen aber mit Sorge eine nachlassende Bereitschaft der Wohnungsunternehmen wahr, Fach- bzw. Präventionsstellen zur Wohnungssicherung einzuschalten, und sie schrieben das Datenschutzbestimmungen und einem „Vermietermarkt" zu, an dem es für die Unternehmen keine Schwierigkeiten gibt, freiwerdenden Wohnraum sogleich neu zu vermieten.

Die gesetzlichen Regelungen sehen eine Information der Träger der Sozialhilfe und der Jobcenter durch die Amtsgerichte vor, sobald eine Räumungsklage eingeht, die einer außerordentlichen Kündigung aufgrund von Mietschulden folgt. Diese Meldungen der Gerichte erhielten die kreisfreien Städte zuverlässig. In kleineren Städten, in denen „jeder jeden kennt" profitieren die Verantwortlichen für die Wohnungsnotfallprävention von informellen Strukturen, die allerdings geregelte Verfahren nur zum Teil ersetzen können. Viele Stellen in kleineren kreisangehörigen Gemeinden erfuhren von einem Wohnungsnotfall erst, wenn Gerichtsvollzieherinnen und Gerichtsvollzieher den Vollstreckungstermin ankündigen. Expertinnen und Experten berichteten, es werde dann unter großem Druck nach Ersatzwohnraum gesucht, da sich eine Zwangsräumung zu diesem Zeitpunkt meist nicht mehr verhindern lasse.

Präventionsstellen müssen erreichen, dass sie aktiv eingeschaltet werden. Sie können versuchen, die Zahl der „Selbstmelder" zu erhöhen (dazu gleich mehr unter 8. und 9.), sollten konkrete und datenschutzrechtlich einwandfreie Absprachen zur Informationsweitergabe vereinbaren, informelle Vereinbarungen verbindlich fixieren und sich aktiv bzw. noch aktiver in die lokalen Netzwerke einbringen. Die Materie ist komplex, und es kann nicht vorausgesetzt werden, dass Fachkräfte in Pflegediensten oder im Betreuten Wohnen, rechtliche Betreuerinnen und Betreuer, Verbraucherberatungsstellen oder die sozialpsychiatrischen Dienste wissen, wie ein Räumungsverfahren abläuft und welche Informationen die Präventionsstellen von ihnen brauchen.

Kontaktaufnahme zu Betroffenen verbessern

Kontakt zu einem Menschen oder zu einem Haushalt aufzunehmen, dem ein Wohnungsverlust unmittelbar droht, ist elementar für die Wohnungssicherung, gelingt aber bei weitem nicht zuverlässig. In der aufsuchenden Kontaktaufnahme liegt eine der größten Chancen, Prävention zu qualifizieren. Evaluationen zeigen eindeutig, dass auf diese Weise auch Fälle erreicht werden können, die sich aus Scham, Angst oder Krankheit Vermieterinnen und Vermietern bzw. den Präventionsstellen entziehen, die Post nicht öffnen und auf Briefe nicht reagieren (vgl. z.B. Busch-Geertseema/Ruhstrat 2012).

Von Sinn und Notwendigkeit aufsuchender Kontaktaufnahme brauchen die Fachleute der Wohnungsnotfallhilfen nicht überzeugt werden. Dass dennoch oft nicht mehr als eine ein- oder mehrmalige schriftliche Kontaktaufnahme vorgesehen ist, hat in aller Regel mit den knappen personellen Ressourcen der Präventionsstellen zu tun. Immerhin in der Hälfte aller kreisfreien Städte und in etwa 40 % der kreisangehörigen Städte und Gemeinden sowie der Kreise gehörten nach der GISS-Studie „in der Regel" auch Hausbesuche zum Repertoire. Das ist ein erfreulich hoher Anteil, der für ein hohes Bewusstsein über die fachlichen Standards von Prävention spricht. Das heißt aber nicht, dass alle Haushalte aufgesucht werden (können), die sich auf ein Anschreiben nicht zurückmelden. Meist sind Hausbesuche die Ausnahme, und sie gelten bestimmten Zielgruppen, insbesondere Älteren und Familien mit (kleinen) Kindern.

Fälle, die einen besonders hohen Unterstützungsbedarf haben oder die am Wohnungsmarkt auf besonders hohe Zugangshürden treffen, wie z.B. alleinstehende Suchtkranke, werden auf diesem Weg nicht sicher erreicht. Dass sich auf ein Anschreiben niemand meldet, kann aber nicht als Hinweis auf die Selbsthilfekräfte des vom Wohnungsverlust bedrohten Haushaltes interpretiert werden. Viel häufiger stehen dahinter lähmende Ängste und Handlungsunfähigkeit.

Aufsuchende Ansprache verhindert Zwangsräumungen zuverlässig. In Hilfesystemen, in denen systematisch der persönliche Kontakt zu gefährdeten Haushalten hergestellt wird, gelingt Prävention fast immer. Mittel können kaum zweckmäßiger eingesetzt werden. Es ist dabei nicht erforderlich, dass die Präventionsstellen diese Arbeit allein bewältigen. Insbesondere in Kreisen hat es sich bewährt, freie Träger mit der aufsuchenden Prävention zu beauftragen. In einem der untersuchten Hilfesysteme erhielt z.B. ein freier Träger die Mitteilungen der Amtsgerichte und bat die bedrohten Haushalte schriftlich um Kontaktaufnahme. Gleichzeitig wurde ein Hausbesuch angekündigt, der immer, ggf. mehrmals und zu unterschiedlichen Tageszeiten stattfand, wenn die Menschen nicht selbst vorsprachen oder telefonisch nicht erreicht werden konnten. Zu etwa drei Vierteln der Fälle, von denen der Träger erfuhr, wurde auf diese Weise Kontakt hergestellt.

8. „Ich bin ja jetzt Selbstverschulder" – Schwacher Glaube an den Sozialstaat

Bahnt sich eine (Wohn-)Krise an, die zum Verlust der Wohnung führen kann, stehen die betroffenen Menschen vor der dringenden Frage, ob sie die drohende Wohnungslosigkeit noch aus eigener Kraft abwenden können. In vielen Fällen mobilisieren sie private Netzwerke und Ressourcen: Sie erhalten finanzielle Hilfe von der Familie, nehmen einen Kredit bei der Bank auf, erfüllen zur Rede stehende Anforderungen aus dem Mietvertrag, oder sie einigen sich mit Vermieterinnen und Vermietern über die Bedingungen zur Fortsetzung des Mietverhältnisses. Nicht immer ist institutionelle Hilfe erforderlich, um Wohnraum zu sichern. Wie auch die Präventionsstellen wissen, bestehen in den Verhandlungen mit Vermieterinnen und Vermietern erhebliche informelle Spielräume.

Interviews mit (ehemals) Wohnungslosen zeigten aber überraschend deutlich, dass ihre Eigenbemühungen in der Krise überwiegend darauf abzielten, neuen Wohnraum zu finden, statt das noch bestehende Mietverhältnis zu retten. Nur in wenigen Fällen nahmen sie von selbst aktiv Kontakt zu kommunalen Stellen auf, um auf ihre Wohnungsnotlage hinzuweisen und Unterstützung zu erbitten.

Bei den zuständigen öffentlichen und freiverbandlichen Stellen für die Prävention von Wohnungsverlusten wird oft zu Unrecht angenommen, die örtlichen Hilfeangebote seien bekannt und Ratsuchende kämen schon bei den richtigen Stellen an, „wenn es wirklich brennt". Das stimmt aber nicht. Exemplarisch rechtfertigte ein wohnungsloser Mann so, dass er nicht versucht hatte, die bevorstehende Räumung der Wohnung, in der er mit seiner Mutter lebte, zu verhindern:

> „Früher hat man es doch gar nicht gewusst. Wenn Sie, ich sage jetzt mal, wenn Sie die Probleme nicht hatten oder haben, dann machen Sie sich, ich sage jetzt mal, verstehen Sie mich jetzt nicht verkehrt, machen Sie sich dann einen Kopf? Nein, da macht sich keiner einen Kopf!"

Viele Interviewpersonen waren sich der Tatsache bewusst, dass es ihnen in der Krise nicht gelungen war, sich selbst um ihre Angelegenheiten zu *„kümmern"*. Wohnungslose sprachen von Scham, von eigenen Fehlern und von Schuld und erklärten damit auch, warum sie nicht davon ausgingen, dass öffentliche Stellen für ihre Versäumnisse einstehen:

> „Ich bin ja jetzt Selbstverschulder. Gebe ich ja ehrlich zu. Ich habe ja auch einen Riegel vorgeschoben, ich habe ja Blindflug gemacht."

Als großes zusätzliches Handicap für eine gelingende Wohnungssicherung erweist es sich jedoch, wenn potenzielle Präventionsfälle gar nicht erst nach öffentlichen Stellen suchen, weil sie nicht annehmen, dass ihnen jemand hilft. Er habe zwar *„keinen Pfennig Geld"* mehr besessen, berichtete ein anderer Mann, doch habe ihm ohnehin keiner helfen können:

> „Man bekommt nicht irgendwo einen Vorschuss oder irgendwie wieder die allgemeinen Hilfen hier. Oder so. Die können kein Geld ausgeben, die können kein Geld geben. Das ist ganz normal. Das wusste ich ja auch."

Dass Menschen sich bei drohender Wohnungslosigkeit nicht an Ämter wenden, resignieren und sich selbst der Tatenlosigkeit bezichtigen, kann auch die Folge von Skepsis gegenüber einem „aktivierenden Sozialstaat" sein, von dem eher erwartet wird, dass er auf Eigenverantwortung pocht und Fehlverhalten sanktioniert, als dass er Versäumnisse toleriert und Hilfe leistet. Aber auch wenn andere und individuellere Gründe ausschlaggebend sein sollten: Präventionsstellen müssen besser dafür sorgen, dass ihre Angebote bekannt sind. An der Bereitschaft einer Stadt oder Gemeinde, von Wohnungslosigkeit bedrohte Bürgerinnen und Bürger zu unterstützen, darf es keine Zweifel geben, wenn Prävention frühzeitig greifen soll.

Tatsächlich wird in den Präventionsstellen gelegentlich argumentiert, man dürfe es Mietschuldnerinnen und Mietschuldnern nicht so einfach machen, zu groß sei dann die Versuchung, sich auf den fürsorglichen Staat einfach zu verlassen. Eigenverantwortung und Selbsthilfemöglichkeiten müssen Thema im Beratungsprozess sein, das stimmt. Schulden sollen zurückgezahlt werden. Aber es nimmt der Prävention Wirkung, wenn diese Fragen ausgerechnet dann im Vordergrund stehen, wenn es darauf ankommt, schnell zu handeln. Selbstmelder mit Vertrauen in den Sozialstaat sind Idealfälle für die Verwaltung und ein Nachweis erfolgreicher Arbeit.

Hilfesysteme sollten ihre öffentliche Präsenz daher kritisch hinterfragen: Sind Flyer verständlich formuliert, und sind sie überall dort verfügbar, wo Menschen Rat suchen könnten? Ist das Angebot der Präventionsstellen wirklich bekannt? Wie gut sind kooperierende Institutionen informiert: die sozialpsychiatrischen Dienste, Schuldnerberatungsstellen, Sozialdienste von Krankenhäusern oder Haftanstalten, rechtliche Betreuerinnen und Betreuer? Haben die von Wohnungsverlust bedrohten Menschen eine Chance, alle wesentlichen Informationen selbst zu recherchieren? Findet, wer nur ein kleines Einkommen oder eine Rente bezieht, auf der Website der Stadt etwa die Information, dass materielle Hilfen zur Wohnungssicherung auch ohne laufenden Bezug von Sozialleistungen möglich sind?

9. Jobcenter könnten viel mehr tun

Zu den Fehleinschätzungen, die sich in der öffentlichen Wahrnehmung hartnäckig halten, gehört die Annahme, wohnungslose Menschen seien aufgrund ihrer prekären Lebensverhältnisse nicht in Erwerbsarbeit vermittelbar oder aufgrund von chronischen Erkrankungen erwerbsunfähig, bezögen deshalb Sozialhilfe oder Renten und hätten mit dem Jobcenter nichts zu tun. Das stimmt aber keineswegs.

Für Baden-Württemberg belegte eine Untersuchung der GISS, dass unter den Wohnungslosen in Diensten und Einrichtungen der Hilfe nach §§ 67 ff. SGB XII 58 % ihren überwiegenden Lebensunterhalt aus Leistungen der Grundsicherung für Arbeitsuchende nach dem SGB II bestritten, weitere 3 % erhielten aufstockende Leistungen (vgl. Evers/Ruhstrat 2015, 48). Noch höher ist der Anteil der Leistungsberechtigten nach dem SGB II vor einem Wohnungsverlust: Wie oben gesehen, erhielten nach der GISS-Studie ca. 64 % der von Räumung bedrohten Menschen bzw. Haushalte, die in kommunalen Präventionsstellen bekannt wurden, Leistungen nach dem SGB II. Lägen auch die Angaben der Jobcenter vor, die diese Fälle statistisch nicht erfassen, wäre dieser Anteil noch sehr viel höher. Damit sind die Jobcenter in der weit überwiegenden Mehrheit aller Fälle für die Verhütung eines Wohnungsverlustes mit verantwortlich.

Bis 2005 lag die Aufgabe der Wohnungssicherung ausschließlich in den Händen der Kommunen. Erst mit der Einführung des SGB II wurden die heute geltenden getrennten Zuständigkeiten in zwei Rechtskreisen geschaffen: Personen und Haushalte mit Mietschulden, die laufende Leistungen nach dem SGB II beziehen oder einen potenziellen Anspruch haben, müssen bei ihrem zuständigen Jobcenter einen Antrag auf Schuldenübernahme stellen. Für alle anderen Haushalte sind weiterhin die Kommunen zuständig.

Die Neuregelung schuf insbesondere zwischen den Jobcentern in gemeinsamer Trägerschaft von Kommune und Arbeitsagentur und den kommunalen Wohnungsnotfallhilfen strukturelle Schnittstellenprobleme. Nehmen Jobcenter die ihnen zugefallenen Aufgaben der Wohnungssicherung selbst wahr, gelingt jedoch für die Leistungsberechtigten nach SGB II keine Wohnungssicherung, entsteht etwa auf der kommunalen Seite eine Unterbringungsverpflichtung – das Problem und etwaige Folgekosten werden auf einen anderen Träger verlagert.

Dem ließe sich am einfachsten mit einer Aufgabenübertragung beikommen: Jobcenter, die als gemeinsame Einrichtungen (gE) in gemeinsamer Trägerschaft von Arbeitsagentur und Kommune geführt werden, haben die Möglichkeit, der Kommune als dem örtlichen Träger der Grundsicherung die Aufgabe der Mietschuldenübernahme durch einen Beschluss der Trägerversammlung nach § 44b SGB II i.V.m. § 44c Abs. 2 Nr. 4 SGB II zu übertragen. Die Aufgabenwahrnehmung wird damit bei der Kommune gebündelt, für die Ratsuchenden ist nur eine Stelle zuständig.

Von dieser Möglichkeit machte 2018 aber nur der kleinere Teil der befragten Jobcenter Gebrauch. Mehrheitlich, nämlich in knapp der Hälfte der kreisfreien Städte und in fast allen untersuchten Kreisen, wurden Mietschulden bei Leistungsberechtigten nach dem SGB II in den Jobcentern bearbeitet.

Ist eine Aufgabenübertragung nicht möglich bzw. nicht gewünscht, empfiehlt der Deutsche Verein, „Aufbau- und Ablauforganisation" in den Jobcentern zumindest so zu gestalten, „dass der Komplexität des Hilfebedarfs zügig und umfassend entsprochen werden kann". Hierzu gehören wegen der erforderlichen Kompetenzen zum Mietrecht „gesonderte Zuständigkeiten im Jobcenter, um die erforderliche Fachkompetenz mit Blick auf den individuellen Hilfebedarf zu bündeln" (Deutscher Verein 2015, 12 f.).

Eine solche Spezialisierung scheint tatsächlich dringend angeraten, denn es gibt starke Belege dafür, dass den Jobcentern ihre überragende Bedeutung für die Prävention von Wohnungsverlusten nicht durchgängig und nicht überall bewusst ist. Die Wohnungssicherung im Kontext des SGB II bleibt fachlich weit hinter dem zurück, was möglich (und notwendig) wäre.

Damit ist keine Forderung ausgesprochen, Mietschulden in allen Fällen und unter allen Umständen zu übernehmen. Es geht vielmehr erstens darum, die Möglichkeiten beraterischer Unterstützung voll auszuschöpfen. Und zweitens muss die Kooperation zwischen Jobcentern und Präventionsstellen präventiv ausgerichtet werden, das heißt: Informationen, die zur Wohnungssicherung notwendig sind, müssen die Stellen erreichen, die sie brauchen, und es muss aus einem gemeinsamen Problemverständnis heraus abgestimmt gehandelt werden.

Jobcenter erfahren früher von Wohnungsnotlagen als alle anderen Beteiligten in den Hilfesystemen – und zwar von den Betroffenen selbst. Denn während die kommunalen Präventionsstellen ihre Kenntnis über bedrohte Wohnverhältnisse vor allem den Meldungen der Amtsgerichte über eingehende Räumungsklagen oder den Gerichtsvollziehermeldungen verdanken, mit denen eine anstehende Räumung bekannt gemacht wird, erfahren immerhin 57 % der Jobcenter und 43 % der freien Träger von Wohnungsnotlagen „immer" bzw. „häufig" durch die Betroffenen selbst. Ein Fünftel der Jobcenter erhält zudem „häufig" Informationen von rechtlichen Betreuerinnen und Betreuern – auch das ist eine Art „Selbstmeldung", die bei Stellen der Kommunen offenbar seltener vorkam. Aus diesem eindeutigen Befund der GISS-Untersuchung ergeben sich die besonderen Handlungsspielräume der Jobcenter für eine Prävention von Wohnungsverlusten.

Allerdings deuten die Studienergebnisse, die sich unter anderem auf Interviews mit den Fachkräften der Jobcenter stützen, auch darauf hin, dass von diesen Handlungsmöglichkeiten nicht immer Gebrauch gemacht wird. Ein Problem scheint sich etwa aus der Arbeitsorganisation zu ergeben. Denn in der Regel sprechen die ALG-II-Beziehenden eher in der Leistungsabteilung vor, wenn sie kein Geld mehr haben, um Mietzahlungen zu entrichten. Offenbar stellen die Leistungsprozesse aber nicht sicher, dass die Information dann auch an die zuständigen Fachkräfte in Vermittlung oder Fallmanagement weitergegeben wird, die ggf. ihrerseits für eine Einschaltung der Präventionsstellen sorgen könnten und sollten.

Dass Menschen frühzeitig Rat suchen, wenn sie die Miete nicht mehr zahlen können und ihnen ernsthafte Schwierigkeiten drohen, ist der Idealfall für die Prävention. Im günstigsten Fall ist noch nicht einmal eine Kündigung ausgesprochen, so dass mit ausreichend Zeit nach einer Lösung gesucht werden kann. Häufig scheint es in den Jobcentern jedoch bei einem Verweis auf den Einsatz von Selbsthilfekräften zu bleiben, oder es wird erläutert, warum Schulden in der Regel erst zu einem späteren Zeitpunkt übernommen werden.

Es ist nicht die Regel, dass im Erstgespräch mit dem Arbeitsvermittler oder Fallmanager systematisch nach Wohnproblemen, Mietzahlungen und Schulden und den sich daraus ergebenden Handlungsbedarfen gefragt wird. Nur ausnahmsweise – dann aber mit einigem Erfolg – schalten Fachkräfte sich in der Einschätzung, dass Wohnungsprobleme ein ernsthaftes Vermittlungshemmnis darstellen, aktiv in Verhandlungen mit Vermieterinnen und Vermietern ein. Eine Direktzahlung der Miete wird nicht in jedem Fall angeboten bzw. veranlasst. Bestehende Ermessensspielräume bei der Gewährung von Darlehen werden vielfach nicht genutzt.

Ein besonderes Problem kann es darstellen, wenn Sanktionen des Jobcenters die Mietzahlungsfähigkeit eines Haushaltes beschränken und die Gefährdung eines Mietverhältnisses somit durch die gesetzlichen Regelungen im SGB II mitverursacht wird. Zwar schloss nur ein Zehntel der Jobcenter in solchen Fallkonstellationen die Übernahme von Schulden (ohne rechtliche Handhabe) grundsätzlich aus. Aber auch nur eines der einbezogenen Jobcenter berichtete von der vorsorglichen Praxis, die für Mietschuldenübernahmen zuständige städtische Stelle zu informieren, wenn Sanktionen ein bestehendes Mietverhältnis bedrohten.

Sollen die Möglichkeiten der Prävention voll ausgeschöpft werden, müssen Kommunen und Jobcenter ihre Aktivitäten besser verzahnen: Dazu sind Verfahren zu vereinbaren, etwa die Weitergabe von Informationen mit Zustimmung der Leistungsberechtigten. Auf jeden Fall kann es helfen, in den kommunalen Richtlinien zu den Kosten der Unterkunft explizit den Vorrang der Wohnungssicherung zu verankern, denn dies erleichtert Fachkräften bei den Kommunen und bei den Jobcentern, ihr Ermessen im Sinne einer wirkungsvollen Prävention auszuüben.

10. Ein starkes Instrument – die Hilfen nach §§ 67 ff. SGB XII

Für Hilfen in Wohnungsnotfällen gibt das Sozialhilferecht den Kommunen ein flexibles und am Einzelfall orientiertes Instrument in die Hand: die „Hilfe zur Überwindung besonderer sozialer Schwierigkeiten". Danach sind „Personen, bei denen besondere Lebensverhältnisse mit sozialen Schwierigkeiten verbunden sind", „Leistungen zur Überwindung dieser Schwierigkeiten zu erbringen, wenn sie aus eigener Kraft hierzu nicht fähig sind" (§ 67 Satz 1 SGB XII). Liegen diese Anspruchsvoraussetzungen vor, besteht auf die Hilfe ein individueller Rechtsanspruch. Für die Bedarfsfeststellung und die Bedarfsdeckung sind die örtlichen und überörtlichen Träger der Sozialhilfe zuständig. Die Leistungserbringung liegt überwiegend in den Händen der freien Träger der Wohlfahrtspflege.

Ihr Angebotsspektrum reicht von niedrigschwelligen ambulanten Angeboten „auf der Straße“ über Beratungsangebote bis zu zielgruppenspezifischen stationären Angeboten für Frauen, junge Erwachsene oder psychisch beeinträchtigte Menschen. Doch immerhin etwa 44 % der Träger von Hilfen nach §§ 67 ff. SGB XII sehen sich in historischer Tradition auch heute noch in der ausschließlichen oder überwiegenden Zuständigkeit für bereits wohnungslose Menschen, und sie hielten der GISS-Untersuchung zufolge in den lokalen Hilfesystemen ein Angebot vor, das nur dieser Zielgruppe galt. Dagegen empfiehlt der Deutsche Verein den Trägern der Hilfe nach §§ 67 ff. SGB XII zu Recht, „eine stärkere präventive Ausrichtung der Hilfen anzustreben“ (Deutscher Verein 2013, 13; ähnlich auch BAG Wohnungslosenhilfe, 2010).

Der etwas größere Teil der Träger hat diese Neuausrichtung bereits vollzogen. Die Studie zeigte, dass freie Träger der Wohlfahrtspflege mit präventiver Zielsetzung im Auftrag von Kommunen, Jobcentern oder Wohnungsgesellschaften tätig wurden, ein Teil richtete eigene Angebote ausdrücklich an Menschen, die vor dem Wohnungsverlust standen. Ein anderer Befund war allerdings, dass es bei weitem nicht überall Träger und Angebote gab.

Etwas vereinfacht lässt sich sagen, dass in Westdeutschland das Angebot für wohnungslose Menschen ausgebauter schien als in Ostdeutschland. Und während in den Großstädten vergleichsweise ausdifferenziertere Hilfesysteme bestanden, zeigten sich Versorgungslücken vor allem im ländlichen Raum. In einigen der kreisfreien Städte in Ostdeutschland und in einem Fünftel der 33 einbezogenen Kreise gab es überhaupt keine Träger, die Hilfen nach §§ 67 ff. SGB XII bzw. andere Hilfen für wohnungslose und von Wohnungslosigkeit bedrohte Haushalte anboten. Und in 40 % der kreisfreien Städte mit Berlin und in 61 % der Kreise war im Feld der Wohnungsnotfallhilfen lediglich ein Träger tätig.

Das liegt keineswegs allein an den Trägern der Wohlfahrtspflege. Oft sind es vor allem die zuständigen Leistungsträger, die vor einem Ausbau der Angebote im Hilfesystem zurückschrecken, weil sie die Sorge haben, damit neue Nachfrage zu wecken. Ein starkes und wirkungsvolles Instrument der Wohnungsnotfallhilfen bleibt aber ungenutzt, wenn Hilfen nach §§ 67 ff. SGB XII fehlen.

Die sozialrechtliche Konstruktion des Hilfeanspruchs nach §§ 67 ff. SGB XII weist große Ähnlichkeiten mit dem oben beschriebenen Modell der Teilhabe- und Verwirklichungschancen auf. Denn „soziale Schwierigkeiten nach der Definition des § 67 SGB XII sind nichts anderes als Schwierigkeiten, die einen Menschen daran hindern, Teilhabechancen in gelingende Teilhabe umzuwandeln. Selbst die individuelle Unfähigkeit, (geeignete) Hilfen in Anspruch zu nehmen, begründet in diesem Verständnis keinen Ausschluss infolge fehlender Mitwirkung, sondern einen eigenen Hilfeanspruch" (Bartelheimer/Henke 2018, 42).

Persönliche Hilfe auf dieser Rechtsgrundlage hat den Vorteil, dass sie im Einzelfall ermittelt, wo Interventionen am erfolgversprechendsten sind, und daran ansetzt. Je nach Bedarf im Fall wirkt sie auf Lebensverhältnisse und Umweltfaktoren (die gesellschaftlichen Bedingungen) oder auf die Person und ihre individuellen Bewältigungsstrategien. Damit verhindert die Hilfe nach §§ 67 ff. SGB XII auch unnötigen Ressourceneinsatz. (Wenn ein kündigungsbereiter Vermieter sich auf Verhandlungen und Ratenzahlungen einlässt und sich darauf verlassen kann, dass diese auch geleistet werden, ist die Übernahme von Mietschulden zur Wohnungssicherung nicht erforderlich.) Mit kaum einem anderen Instrument lassen sich Wohnungsnotlagen schneller und effektiver bearbeiten als mit dieser maßgeschneiderten, individuellen, persönlichen Hilfe.

Hilfen nach §§ 67 ff. SGB XII und Wohnungsnotfallhilfen sind zwar nicht identisch, und sie gehen nicht ineinander auf. Es kann durchaus Menschen mit Hilfeanspruch nach §§ 67 ff. SGB XII geben, die weder von Wohnungslosigkeit bedroht noch wohnungslos sind. Und es kann Menschen in gravierenden Wohnungsnotlagen geben, bei denen ein Anspruch nach §§ 67 ff. SGB XII verneint werden muss. Eine sorgfältige Differenzierung ist wichtig, aber viel spricht dafür, die Hilfen zur Überwindung besonderer sozialer Schwierigkeiten in allen übrigen Fällen, in denen es eine Überschneidung gibt, offensiv zu nutzen. In den Handlungsfeldern kommunaler Wohnungsnotfallhilfen kann die Hilfe nach §§ 67 ff. SGB XII mit unterschiedlichen Schwerpunkten eingesetzt werden.

Besonders gute Gründe gibt es dafür, die Hilfe als kurzfristige Intensivinterventionen in akuten Wohnkrisen auszugestalten. Einen freien Träger mit dem Auftrag auszustatten, Haushalte aufzusuchen, die von Wohnungsverlust bedroht sind, erweitert das Handlungsspektrum der Prävention und kann personelle Engpässe in den zuständigen Stellen ausgleichen. Dem Träger fällt die Aufgabe zu, den Kontakt herzustellen und Lösungsstrategien zu erarbeiten, und bei einem einigermaßen erfolgreichen Verlauf erhält die Präventionsstelle eine nachvollziehbare Handlungsempfehlung, während die Person oder ein Haushalt durch die Krise begleitet wird, bis die Wohnung gesichert ist. Solche Hilfeverläufe sind nicht auf längere Zeit angelegt. Die befristete intensive Hilfe im Rahmen der Prävention dürfte deshalb wirtschaftlicher sein als eine Unterbringung für längere Zeit, die dadurch vermieden werden kann.

In den Hilfen für Wohnungslose sollten lebenslagestabilisierende Angebote stets mit lebenslageverändernden Angeboten kombiniert werden. Es reicht also nicht, wenn Streetwork die Bewältigung der Wohnungslosigkeit erleichtert und ihre Härten mildert. Ziel auch der niedrigschwelligen Hilfen muss es sein, wohnungslose Menschen zu identifizieren, die mit Wohnraum versorgt werden können, und ihnen entsprechende Angebote immer wieder zu unterbreiten.

Kurzfristige individuelle ambulante Hilfen nach §§ 67 ff. SGB XII können mit dem Ziel installiert werden, ordnungsrechtlich untergebrachte Personen mit Wohnraum zu versorgen, wozu gehört, Veränderungsmotivation zu schaffen, Wohnraum zu akquirieren, den Übergang in Wohnraum zu begleiten und ggf. erforderliche weiterführende Hilfen zu installieren. Stationäre Hilfen sollten auf den kürzestmöglichen Aufenthalt im Hilfesystem ausgerichtet sein. Wird das Modell des dezentralen stationären Wohnens genutzt, steht am Ende des stationären Aufenthaltes die Übernahme eines eigenen Mietvertrags.

Und schließlich kann Wohnbetreuung nach §§ 67 ff. SGB XII als nachgehende, ambulante Hilfe nach einer Phase der Wohnungslosigkeit in jeder erforderlichen Intensität eingesetzt werden. Sie kann als Intensivhilfe über einen gewissen Zeitraum geleistet werden, um das Wohnen in Normalwohnraum zu stabilisieren, auch wenn soziale Schwierigkeiten noch längst nicht überwunden sind, aber sie muss keineswegs nur bei sehr „schwierigen" Fällen genutzt werden. In niedriger Intensität ausgestaltet, beugt sie erneuten Krisen vor. Sie ist erfolgreich, wenn es in der Prävention nur wenige Wiederholungsfälle gibt.

11. Männer brauchen viel bessere Prävention, Frauen eine viel bessere Notversorgung

2017 lag der Frauenanteil unter den wohnungslosen Menschen in den Einrichtungen, die Daten zur Inanspruchnahme ihrer Angebote – überwiegend nach §§ 67 ff. SGB XII – an die Bundesarbeitsgemeinschaft Wohnungslosenhilfe meldeten, bei ca. 22 % (vgl. BAG W 2017). 2018 kam die GISS-Untersuchung auf etwa ein Viertel wohnungslose Frauen und drei Viertel wohnungslose Männer in den Angeboten der teilnehmenden freien Träger. Etwas höher ist erfahrungsgemäß der Anteil wohnungsloser Frauen in ordnungsrechtlicher Unterbringung, was mit der größeren Zahl an untergebrachten Familien erklärt werden kann. Er lag der GISS-Untersuchung zufolge 2018 bei etwa einem Drittel. Doch obwohl die Größenordnungen seit längerer Zeit stabil sind und Expertinnen und Experten keineswegs überraschen: Gemessen am Anteil der Frauen in der Bevölkerung fragt sich, ob die bestehende Ungleichverteilung zwischen den Geschlechtern vor allem im System der freiverbandlichen Wohnungsnotfallhilfen wirklich als „normal" gelten kann.

Dass zum ungleichen Verhältnis zwischen Frauen und Männern in den Wohnungsnotfallhilfen wesentlich die Strukturen der Hilfesysteme selbst beitragen, ist keine Neuigkeit. Wohnungslose Männer finden in einem historisch auf sie zugeschnittenen Fürsorgesystem ein breites Spektrum der Unterbringung und persönlichen Hilfe vor, während frauenspezifische Angebote keineswegs flächendeckend verfügbar sind.

Wie eine Untersuchung der GISS zur Zugangssteuerung in die Hilfen nach §§ 67 ff. SGB XII für den Landschaftsverband Westfalen-Lippe 2015 zeigte, waren von Wohnungslosigkeit betroffene Frauen doppelt so häufig wie Männer zu einem Ortswechsel gezwungen, wenn sie (teil-)stationäre Hilfen nach §§ 67 ff. SGB XII in Anspruch nehmen wollten. Geeignete Hilfen am Ort des Wohnungsverlustes waren – außer in den Großstädten – oft nicht vorhanden. Für viele Frauen stellte es jedoch keine Option dar, alle sozialen Bezüge aufgeben zu müssen, um Hilfe zu erhalten, und sie verzichteten darauf. Man weiß längst, dass Frauen in Wohnungsnotlagen häufiger prekäre Mitwohnverhältnisse in Kauf nehmen – auch um den hohen Preis der sexuellen Abhängigkeit und Prostitution –, und es ist bekannt, dass der Frauenanteil unter den Nutzerinnen und Nutzern in den Angeboten der Wohnungsnotfallhilfen überall dort deutlich steigt, wo spezialisierte Angebote vorgehalten werden.

Auch die GISS-Untersuchung 2018 bestätigt, dass bereits wohnungslose Frauen in den bestehenden Strukturen selten adäquat versorgt werden. Nur im Hinblick auf die Versorgung psychisch kranker Menschen attestierten die befragten Expertinnen und Experten den lokalen Hilfesystemen noch größere Lücken. Wo frauenspezifische Angebote existierten, stießen sie auf hohe Wertschätzung, aber nur etwa ein Viertel der freien Träger hielt solche Angebote vor.

Auch im Bereich der ordnungsrechtlichen Unterbringung wurde Bedarf deutlich: Vielfach wurden Männer und Frauen in den gleichen Immobilien untergebracht, und nicht einmal getrennte Bäder standen überall zur Verfügung. Dass wohnungslose Frauen sich außerhalb dieser unzureichenden Systeme versorgen, ist nachvollziehbar. Aufgabe kommunaler Wohnungsnotfallhilfen muss es daher sein, die verdeckte Wohnungslosigkeit von Frauen durch bedarfsgerechte Versorgungsangebote sichtbar zu machen.

Werden wohnungslose Frauen gegenüber wohnungslosen Männern durch die Angebotsstrukturen der Notfallhilfen diskriminiert, so kehrt sich der Befund für den Bereich der Prävention um: Alleinstehende Männer machten unter den in den Präventionsstellen der Kommunen erfassten Fällen 43 % der Haushalte aus. Doch in ordnungsrechtlicher Unterbringung lag der Anteil der männlichen Einpersonenhaushalte ohne Geflüchtete schon bei knapp 62 %. In den Hilfesystemen werden sie nicht als die Hochrisikogruppe wahrgenommen, die sie offenkundig darstellen, sondern sie gelten als „Normalfall". Während die Schutzbedürfnisse von Frauen anerkannt sind, ist die Sensibilität für männliche Traumata, Gewalt- und Missbrauchserfahrungen vergleichsweise gering, zumal sie ja eher als Täter in Erscheinung treten.

Aus den GISS-Studienergebnissen lässt sich schließen, dass die zuständigen Stellen bei Frauen und Kindern, die von einem Wohnungsverlust bedroht sind, deutlich stärkere Präventionsanstrengungen unternehmen als bei Männern. Dahinter steht in erster Linie das ausdrückliche Ziel, Kindern und Jugendlichen das Heranwachsen in Notunterkünften zu ersparen. Knappe Ressourcen der Präventionsstellen für die aufsuchende Arbeit werden gezielt eingesetzt, um von Wohnungsverlust bedrohte Haushalte mit Kindern zu erreichen.

Dagegen sind alleinstehende Männer, die nicht auf Anschreiben reagieren, wegen der hohen Fallzahlen und des damit verbundenen Aufwands vielerorts ausdrücklich von aufsuchenden Angeboten ausgenommen. Auch die Bereitschaft kommunaler Präventionsstellen und der Jobcenter, ggf. höhere Mietschulden auszugleichen, war bei Frauen mit Kindern wesentlich größer, während der Ermessungsspielraum bei der Übernahme von Mietschulden bei Einpersonenhaushalten oftmals deutlich enger gefasst wurde.

So nachvollziehbar es ist, wenn die Präventionsstellen besonders intensive – und erfolgreiche – Anstrengungen bei Familien entfalten, so besteht die Kehrseite doch in der Vernachlässigung der (insbesondere männlichen) Single-Haushalte bei der Prävention von Wohnungslosigkeit.

Ungleiche Geschlechterverhältnisse in den Wohnungsnotfallhilfen müssen also „von beiden Seiten" korrigiert werden: Finden Frauen flächendeckend bedarfsgerechte Unterstützungsangebote vor, können sie auf prekäre Notlösungen in verdeckter Wohnungslosigkeit verzichten und tauchen im Hilfesystem auf. Dehnen die Präventionsstellen ihre Anstrengungen gezielt aus, um alleinstehende Männer besser vor Wohnungsverlusten zu schützen, werden Männer die Strukturen nicht länger so dominieren, wie sie es heute tun.

12. Und wenn Prävention nicht möglich ist?

Bei etwa der Hälfte der wohnungslosen Menschen, die durch die Wohnungsnotfallhilfen heute versorgt werden, hätte auch die beste Prävention Wohnungslosigkeit nicht verhindern können.

Mit der Flucht von mehr als 70 Millionen Menschen aus Krisenregionen der Welt und der damit verbundenen Zuwanderung nach Deutschland entstanden für die Wohnungsnotfallhilfen der Kommunen neue Anforderungen. Unter großem Druck wurden zusätzlich zum bereits bestehenden System der ordnungsrechtlichen Unterbringung zunächst Aufnahmekapazitäten im Asylbereich –

überwiegend in großen Sammelunterkünften – neu geschaffen. Inzwischen werden immer mehr Asylverfahren abgeschlossen, und wenn dies mit der Anerkennung eines Schutzstatus einhergeht, stellt sich spätestens jetzt die Frage der dauerhaften Wohnungsversorgung.

Nur in Regionen mit entspannten Wohnungsmärkten – und offenbar im Osten häufiger als im Westen Deutschlands – ist es von Anfang an gelungen, geflüchtete Haushalte dezentral in abgeschlossenen Wohnungen unterzubringen, wenn diese die Erstaufnahmeeinrichtungen der Länder verließen. Das erleichterte die spätere Wohnungsversorgung sehr: Oft konnten die Familien die bereits bewohnte Wohnung mit eigenem Mietvertrag übernehmen. Die dezentrale Unterbringungspraxis von Geflüchteten gibt vermutlich den Ausschlag dafür, dass die Wohnungslosendichten in Kommunen der östlichen Bundesländer etwas geringer sind als im Westen.

Finden Menschen mit Fluchthintergrund nicht selbst eine Wohnung, verbleiben sie trotz Schutzstatus in Unterkünften und werden von den Kommunen weiter versorgt. Ihre Wohnungslosigkeit und die aller anderen Menschen, deren Wohnungsverlust nicht verhindert werden konnte, lässt sich nur mit dem Bezug einer Wohnung beenden.

Dies ist die größte Herausforderung für die Kommunen, die händeringend nach Strategien suchen, um Wohnungen zu akquirieren und untergebrachte Haushalte dauerhaft mit Wohnraum zu versorgen. 80 % aller befragten Stellen bilanzierten eine (gravierende) Verschlechterung der Bedingungen am Wohnungsmarkt seit 2015. Der größte Teil der Kreise, der kreisangehörigen Städte und Gemeinden und der freien Träger der Wohnungslosenhilfe verfügte über keine Instrumente zur gezielten Wohnraumversorgung. Und bei den kreisfreien Städten bestanden die Instrumente vor allem aus Belegungsrechten im geförderten Wohnungsbau und in unterschiedlichen Formen des „Probewohnens" mit und ohne Bleibeperspektive.

Will man vor dem Problem nicht resignieren und eine weitere Ausdehnung des Unterbringungsbereichs nicht hinnehmen, ist völlig klar ist, dass das noch nicht reicht.

Nahezu überall wird neu gebaut, und es versteht sich von selbst, dass Kommunen sich Belegrechte sichern und durch Quotenregelungen, etwa bei der Veräußerung kommunaler Grundstücke, dafür sorgen sollten, dass Teile des neu entstehenden Bestands zur Versorgung von wohnungslosen Menschen genutzt werden. Dazu gehört unter Umständen auch, Mieten im geförderten Wohnraum für Leistungsberechtigte nach dem SGB II und SGB XII grundsätzlich als „angemessen" anzuerkennen und bei den „angemessenen Kosten der Unterkunft" in Wohnungsnotfällen Überschreitungen zuzulassen.

Soziale Wohnraumagenturen bearbeiten die Zugangsprobleme von Haushalten, die am Wohnungsmarkt benachteiligt sind, mit auf Dauer gestellten Zwischenvermietungsmodellen. Solche Projekte flächendeckend auszubauen, ist unbedingt sinnvoll; dabei müssen Wege gefunden werden, die besonderen wirtschaftlichen Risiken der Träger ggf. durch Bürgschaften oder Fonds zu mindern.

Ähnliche Unterstützung beim Start benötigen „Housing-First-Projekte", die sich der dauerhaften Wohnungsversorgung der (unversorgten) psychisch kranken Wohnungslosen annehmen. (Als „Systemsprenger" ausgegrenzt, erhalten sie sonst oft gar keine Hilfe.) Hindernisse, die sich im Einzelfall einer Anmietung entgegenstellen (z.B. bei negativen Bonitätsauskünften, Altschulden oder

Wartezeiten bei der Zustimmung des Jobcenters zur Anmietung), lassen sich oft bereits durch gute Kooperations- und Verfahrensabsprachen beseitigen. Und Einzelfallmaßnahmen wirken selbst an verschlossenen Wohnungsmärkten.

Wenn von Wohnungslosigkeit betroffenen Menschen die Wohnungssuche ohne Unterstützung auch vielfach nicht gelingt, so eröffnen sich Perspektiven durch Begleitung und die verbindliche Zusage öffentlicher Stellen, sich bei etwaigen Schwierigkeiten um ein Problem zu „kümmern". Der Weg mag mühsam sein, aber die Möglichkeiten sind noch nicht ausgeschöpft.

13. Für geklärte Aufträge in rechtskreis- und trägerübergreifenden Systemen

Wohnungslosigkeit ist ein lösbares Problem, und kaum ein Sozialstaat verfügt über so viele gut funktionierende Instrumente zu ihrer Bekämpfung wie der deutsche. Diese Instrumente wirkungsvoll anzuwenden und Wohnungslosigkeit zu beenden, setzt voraus, dass die Akteurinnen und Akteure in den lokalen Hilfesystemen abgestimmt zusammenarbeiten: rechtkreis- und trägerübergreifend.

Potenzielle Beteiligte sind mindestens die Kommunen (Kreise, Städte und Gemeinden mit den beteiligten Ämtern oder Fachbereichen), die örtlichen und überörtlichen Träger der Sozialhilfe, die Verbände der Wohlfahrtspflege mit ihren Hilfen nach §§ 67 ff. SGB XII und vielen anderen Dienstleistungen, die Jobcenter sowie die Wohnungswirtschaft, also kommunale und gewerbliche Wohnungsunternehmen und private Vermieterinnen und Vermieter.

Ehe aus einer Vielzahl differenzierter Angebote ein funktionierendes „Gesamthilfesystem" wird, sind Diskussion und Verständigung in diesem Kreis notwendig. Im Detail stellen sich zwischen den verschiedenen Rechtskreisen und Fachbereichen zahlreiche „Schnittstellenprobleme". Doch nur wenn Konsens über fachliche Ziele und Lösungsansätze besteht, wirken Maßnahmen. Teilen die Akteure die Sicht, dass Wohnungslosigkeit ein vermeidbares Problem ist, lassen sich für alle wahrzunehmenden Aufgaben und die zu versorgenden Zielgruppen – bis auf die Ebene des Einzelfalles – Zuständigkeiten festlegen und Verfahren vereinbaren. In allen Handlungsfeldern muss es Angebote geben, aber Prävention und dauerhafte Wohnungsversorgung haben unbedingte Priorität. Der gemeinsame Auftrag an alle Beteiligten muss sein, allen die eigene Wohnung als Teilhabenorm zu sichern.

Literatur

Bundesarbeitsgemeinschaft Wohnungslosenhilfe (2017): Statistikbericht 2017, Berlin, https://www.bagw.de/de/themen/statistik_und_dokumentation/statistikberichte/index.html (1. März 2020).

Bartelheimer, P./Henke, J. (2018): Vom Leitziel zur Kennzahl. Teilhabe messbar machen. FGW-Studie Vorbeugende Sozialpolitik, Hrsg.: Forschungsinstitut für gesellschaftliche Weiterentwicklung (FGW), Düsseldorf.

Bundesarbeitsgemeinschaft Wohnungslosenhilfe (2010): Kooperation und Arbeitsteilung zwischen freiverbandlicher Wohnungslosenhilfe und kommunaler Obdachlosenhilfe bei den Hilfen in Wohnungsnotfällen, Positionspapier erarbeitet vom Fachausschuss Wohnen, verabschiedet vom Vorstand der BAG W am 12. November 2010, Bielefeld.

Busch-Geertsema, V./Henke, J./Steffen, A. (2019): Entstehung, Verlauf und Struktur von Wohnungslosigkeit und Strategien zu ihrer Vermeidung und Behebung. Forschungsbericht 534. Bundesministerium für Arbeit und Soziales, Berlin.

Busch-Geertsema, V./Henke, J./Ruhstrat, E.-U. (2016): Evaluation des individuellen Hilfeplanverfahrens im Bereich der wohnbezogenen Hilfen gem. §§ 67 ff. SGB XII. Forschungsprojekt im Auftrag des Landschaftsverbandes Westfalen-Lippe (LWL), Münster/Bremen.

Busch-Geertsema, V./Ruhstrat, E.-U. (2012): Mobile Mieterhilfe Bielefeld. Ein Modellprojekt zur aufsuchenden Präventionsarbeit eines freien Trägers in enger Kooperation mit der Wohnungswirtschaft, Bremen.

Deutscher Städtetag (1987): Sicherung der Wohnungsversorgung in Wohnungsnotfällen und Verbesserung der Lebensbedingungen in sozialen Brennpunkten, DST-Beiträge zur Sozialpolitik, Heft 21, Köln.

Deutscher Verein für öffentliche und private Fürsorge e.V. (2015): Empfehlungen des Deutschen Vereins zur Übernahme von Mietschulden und Energiekostenrückständen im SGB II und SGB XII, Berlin, https://www.deutscher-verein.de/de/uploads/empfehlungen-stellungnahmen/2015/dv-17-14-mietschulden.pdf (1. März 2020).

Deutscher Verein für öffentliche und private Fürsorge e.V. (2013): Empfehlungen des Deutschen Vereins zur Prävention von Wohnungslosigkeit durch Kooperation von kommunalen und freien Trägern, Berlin, https://www.deutscher-verein.de/de/uploads/empfehlungen-stellungnahmen/2013/dv-17-13-praevention-wohnungslosigkeit.pdf (1. März 2020).

Eichner, S./Paul, B. (2003): Neue Wege in der Wohnungsnotfallpolitik – das Modell der Zentralen Fachstelle, in: Sozialer Fortschritt 7/2003, S. 177–186.

Evers, J./Ruhstrat, E.-U. (2015): Wohnungslosigkeit in Baden-Württemberg. Untersuchung zu Umfang, Struktur und Hilfen für Menschen in Wohnungsnotlagen, Bremen/Stuttgart.

Gesellschaft für innovative Sozialforschung und Sozialplanung Bremen/Gesellschaft für sozialwissenschaftliche Frauenforschung Frankfurt/Institut Wohnen und Umwelt Darmstadt (GISS/GSF/IWU) (2005): Forschungsverbund Wohnungslosigkeit und Hilfen in Wohnungsnotfällen – Gesamtbericht, Bremen/Darmstadt/Frankfurt, https://www.bagw.de/de/basiswissen/forschungsverbund.html (1. März 2020).

Holtmannspötter, H. (1987): Die Wandererfürsorge in der Weimarer Republik, in: Bürger & Bettler, Bd. 1. 1854–1954. Vom Herbergswesen für wandernde Handwerksgesellen zur Nichtseßhaftenhilfe, Hrsg.: Evangelischer Fachverband für Nichtseßhaftenhilfe (bis 1967 Deutscher Herbergsverein), Bielefeld.

Ministerium für Arbeit, Gesundheit und Soziales des Landes Nordrhein-Westfalen (Hrsg.) (2019a): Wohnungsnotfallhilfen vorausschauend planen und präventiv handeln. Eine Praxishilfe für Kommunen und freie Träger der Wohlfahrtspflege, Düsseldorf.

Ministerium für Arbeit, Gesundheit und Soziales des Landes Nordrhein-Westfalen (2019b): Handreichung Wohnungsnotfallhilfen im SGB II, Düsseldorf.

Sen, A. (2010): Die Idee der Gerechtigkeit, München.

Sen, A. (2002): Ökonomie für den Menschen. Wege zu Gerechtigkeit und Solidarität in der Marktwirtschaft, München.

Sondermann-Becker, U. (1995): „Arbeitsscheue Volksgenossen". Evangelische Wandererfürsorge in Westfalen im „Dritten Reich". Eine Fallstudie, Bielefeld.

Zum Weiterlesen:

Ohne Wohnung in Deutschland
Armut, Migration und Wohnungslosigkeit
Hrsg. von Rolf Keicher und Stefan Gillich
2017, 1. Aufl., 344 Seiten, 19,90 €
ISBN 978-3-7841-3016-3

Wohnungslose Menschen
Von Jürgen Malyssek und Klaus Störch
2020, 2. Aufl., 250 Seiten, ca. 24,00 €
ISBN 978-3-7841-3167-2
(erscheint voraussichtlich 2020)

Die SEEWOLF-Studie
Seelische Erkrankungsrate in den Einrichtungen der Wohnungslosenhilfe im Großraum München
Hrsg. von Josef Bäuml, Monika Brönner, Barbara Baur, Gabriele Pitschel-Walz und Thomas Jahn
2017, 1. Aufl., 324 Seiten, 26,00 €
ISBN 978-3-7841-2910-5

Wohnen als soziale Frage – Menschen in Wohnungsnot
Bericht von der Sitzung des Hauptausschusses des Deutschen Vereins am 12. September 2019 in der Vertretung des Freistaats Sachsen beim Bund
Von Beate Maria Hagen
In: NDV 2019, S. 481–484

Leistungsberechtigte in besonderen sozialen Schwierigkeiten bedarfsdeckend unterstützen
Empfehlungen des Deutschen Vereins zur Anwendung der Hilfe nach §§ 67 ff. SGB (DV 5/15)
Download unter: https://www.deutscher-verein.de/de/uploads/empfehlungen-stellungnahmen/2015/dv-5-15_hilfe-nach-paragraf-67.pdf